インストラクショナルデザイン

− 教師のためのルールブック −

島宗 理 著

米田出版

■ まえがき

　中学生の３人にひとりが授業についていけないそうだ。中学校の先生に聞くと、小学校でちゃんと勉強してきていないからだと言う。小学校の先生に聞くと、家庭でのしつけができていない子どもが増えているからだと言う。保護者に聞くと、先生や学校は信頼できないと言い、堂々巡りになってしまう。

　大学でも似たりよったりである。理系のコースでは授業についていくための基礎学力不足が深刻なため、入学前の３月に補講を行う大学もあるらしい。

　分からないのは学校の授業だけではない。昔ほどではないにせよ、パソコンや電化製品のマニュアルはいまだに分かりにくいし、旅行や出張で知らない土地にいくたびに、わざと混乱させようとしているとしか思えないような地図や看板、標識にお目にかかる。インターネットが普及して、欲しい情報が即座に入手できるようになったのは便利だが、そのためには、どこに何があるか混沌としたウェブページをかき分けて探し出さなければならない。

　世の中は、まさに、分かりにくいインストラクションだらけである。分かりにくいインストラクションはイライラして精神衛生上よろしくないだけでなく、道路や工事現場なら事故を引き起こす原因になるし、学校教育なら将来を担う若者たちにそのための力を十分に身につけさせられないという深刻な問題を引き起こす。

　インストラクションは大きく２つに分けることができる。道路標識や案内、地図、説明書やプレゼンテーションなど、その場その場で適切な行動を引き出そうとするものと、算数の授業や英会話レッスン、パソコン講習のように、学び手の行動を後々まで変えようとするものである。

前者については、分かりやすい文章表現やプレゼンテーションなどについて、たくさんのハウツー本が出版されている。特に藤原晃治氏の著書『「分かりやすい表現」の技術：意図を正しく伝えるための16のルール』（講談社）はまさに分かりやすいのでお奨めである。

本書では、これまであまりまとめられたことがない後者のタイプのインストラクションについて取り上げ、分かりやすい授業やレッスンや講習会などを開発するための考え方を紹介する。

インストラクションには与える側と受ける側が存在する。本書ではこれを《教え手》と《学び手》と呼ぶことにする。

教え手の読者へ

何かを教えることを仕事にしている人は、ご自分の仕事を改善するためにぜひ本書を役立て《プロの教え手》としてさらなる磨きをかけていただきたい。

学び手の読者へ

これまで授業やマニュアルや教科書が分かりにくくて不満に思っていた学び手の読者には、本書を読むことで、なぜそうだったのか、その原因を理解していただきたい。授業についていけないこと、コーチの指示通りにラケットが振れないこと、マニュアルに書いてあることが分からないことが、すべて自分のせいだと思っていたあなた。少なくとも、教え手の工夫によって、授業やマニュアルはもっと分かりやすくなることを本書から読みとっていただきたい。

インストラクションの《質》を向上させるためには、教え手だけではなく、学び手にも変化が必要である。学び手がインストラクションの善し悪しを判断できるようになり、より優れたサービスを探して選択すれば、市場原理が働くようになる。学び手が賢い選択をするようになれば、インストラクションの提供者である教え手の行動も変わら

ざるをえない。

　この本を執筆するにあたっては以下の図書を参考にした。残念ながらどれも日本語に翻訳されていない。本書は一般向けに読みやすく書くことを目的にしたので専門的な情報にはあまりふれていない。英語が得意な方はぜひこれらの参考書にあたっていただきたい。

島宗　理

■　参考書　■

Holland, J. G., Solomon, C., Doran, J., & Frezza, D. A. (1976) The Analysis of Behavior in Planning Instruction. Addison-Wesley Publishing Company.

Mager, R. F. (1988) Making instruction work. David S. Lake Publishers.

Markle, S. M. (1990) Designs for Instructional Designers. STIPES.

Engelmann, S., & Carnine, D. (1991) Theory of Instruction: Principles and Applications.

目　次

まえがき ——————————————————————— iii

前編：インストラクションの鉄則(ルール)

うまい教え方vs へたな教え方 ————————————— 2
《インストラクション》とは？ ————————————— 6
鉄則1：何を教えるのかをはっきりさせる ——————— 12
鉄則2：学びにコミットする ————————————— 18
鉄則3：教える理由をはっきりさせる ————————— 22
鉄則4：成功の基準をはっきりさせる ————————— 26
鉄則5：標的行動を見せてやらせて確認させる ————— 32
鉄則6：意味ある行動を引き出す ——————————— 38
鉄則7：引き出した行動はすぐに強化する ——————— 42
鉄則8：正答を教える ———————————————— 46
鉄則9：誤答を教える ———————————————— 50
鉄則10：スペックを明記する ————————————— 56
鉄則11：学び手を知る ———————————————— 60
鉄則12：学び手は常に正しい ————————————— 64
鉄則13：教え手を知る ———————————————— 70
鉄則14：学ばせて、楽しませる ———————————— 74
鉄則15：個人差に配慮する —————————————— 78
鉄則16：「分かりました」で安心しない ———————— 80
鉄則17：改善に役立つ評価をする ——————————— 84

後編：インストラクションのデザイン

おおまかな流れ ——————————————————— 90
ステップ1：本当にインストラクションが必要ですか？ —— 92

ステップ2：しない・できないの原因は？　問題の原因分析 —— 94
ステップ3：何を教えるか明らかにする　課題分析(1) ———— 98
ステップ4：何を教えるか明らかにする　職務分析 ———— 102
ステップ5：何を教えるか明らかにする　課題分析(2) ——— 106
ステップ6：学び手のプロフィールを書く ————————— 110
ステップ7：どこからどこまで教えるのかを決める(1) ——— 112
ステップ8：どこからどこまで教えるのかを決める(2) ——— 118
ステップ9：どこからどこまで教えるのかを決める(3) ——— 122
ステップ10：教える内容を分析するRULEG Part1 ———— 126
ステップ11　説明のための教材を用意するRULEG Part2 —— 132
ステップ12：練習のための教材を用意するRULEG Part3 —— 136
ステップ13：改善に活かせる評価をする ————————— 140
ステップ14：開発評価を行う ——————————————— 142
ステップ15：性能評価を行う ——————————————— 146
ステップ16：実地評価を行う ——————————————— 150
おわりに ———————————————————————— 153

正解例 ———————————————————————— 160

あとがき ————————————————————————— 171

索引 ————————————————————————— 173

本文イラスト　—　Misumi Baumgardner
カバーデザイン　—　大坪由佳

インストラクショナルデザイン

前編
インストラクションの鉄則

インストラクションの鉄則

■ うまい教え方 vs へたな教え方

　子どもの頃を思い出してほしい。
　ランドセルを背負って通った小学校時代でも、部活動に明け暮れた高校生活でもいい。
　義務教育の6年間、そして今では9割以上が進学するその後の高校3年間。さらに50％に達しそうな大学進学率を考えると、私たち日本人の10代はまさに《学ぶ》ことに費やされていることになる。
　この学びの10代を振り返って、教え方がうまかった先生とへただった先生を思い出してほしい。好きだった先生、嫌いだった先生ではなくて、教え方がうまかった先生とへただった先生だ。

・教え方がうまかった先生は何をどんなふうに教えてくれただろう？
・教え方がへただった先生は何をどんなふうに教えてくれただろう？

　私の場合、教え方がへただった先生はたくさん思い出せるのだが、うまかった先生は思い出せない。どおりで学校や先生が好きになれなかったわけである。
　何をどんなふうに教えてくれたかもよく思い出せない。学校や先生が嫌いで、勉強をしない子どもだったから、これも納得がいくのだが、それでは話が進まないので、目を閉じて集中して思い出してみよう。

　皆さんもご一緒にどうぞ。

> 教え方がへただった先生（その1）： 小学校で「自分の部屋」というテーマで絵を描かせた図工のN先生。

　森の中に住みたいと思うくらい緑が好きだったので、部屋全体を緑に塗った。するとN先生は「ふざけないで。描き直しなさい」と頭ごなしに叱り始めた。ませガキだった私は「図工の先生なんて、どうせ芸術家の落ちこぼれだろ！」と反抗し、とうとうN先生を泣かせてしまった。先生たちも私を嫌っていたに違いない。
　N先生が何をどのように教えようとしたのかは今でも分からない。

> 教え方がへただった先生（その2）： 中学校で授業中ずっと黒板に向かって教科書をモゴモゴ読みながら板書していた社会のK先生。

　先日、週刊誌を読んでいたら、同じような教え方をしている先生が「指導力不足」として認定されたと書いてあった。ちなみにこのような判定を下されると、教師は指導力を向上するための研修を受ける。それでも向上の見込みがないと判断されると「任意退職」ということになるらしい。
　K先生はたぶん教科書に書かれていることを教えようとしていたのだとは思うが、それ以上は定かではない。

> 教え方がうまかった先生：小学校で読書感想文をたくさん書かせた M 先生。

　M先生は、課題図書以外の本でも、読んで感想を書けば誉めてくれた。特に、「自分はこう思う！」と教科書的ではない感想を書くと花丸をくれた。感想文にバツがつくことはなかったと思う。この先生のおかげで、学校も勉強も教師も嫌いだった私でも、本だけはたくさん読んでいた。

　M先生は本を読むこと、そして自分なりに考え、感じることを教えようとしていたのだろう。

　こうして思い出すと、私の場合、何を教えようとしているかはっきりしていて、誉めて教えようとしていた先生を「うまい」と感じていたようだ。逆に、何を教えようとしているか分からない先生、注意や批判が多かった先生、生徒が学んでいるかどうか、授業についてどう思っているか気にしていなかった先生は「へた」と感じていたようである。

　皆さんはどうだっただろう？　判断の基準は違っても、教え方がうまい先生とへたな先生がいることには合意してもらえるだろう。

　学生時代から行動分析学という心理学を専攻し、それで食べていくようになったこともあり、就職してからは、教え方のうまいへたにもっと敏感になった。大学での講義や学会発表など同業者の仕事はもちろんのこと、趣味で受講するテニスのレッスンとか、自動車教習所の講習会とか、すぐに「あぁ、この人は教え方がうまいな」とか「これはへた。こうすればいいのに」と評価してしまう。ほとんど職業病状態だ。

本書では学ぶこと・教えることに関する基本的な考え方を紹介し、どうすればうまく教えられるのか解説する。教え方がへたな人もすぐに実行できるように、できるだけ専門用語は使わずに分かりやすく書いていくつもりだ。教え方に自信がある人も、自分の教え方を見直して、さらにうまくなるように使っていただければと思う。

考えてみよう！

　みなさんがこれまでに出会った先生の中から、教え方がうまかった先生と、へただった先生を思い出してみよう。教え方がうまかった先生は何をどんなふうに教えていただろう？　教え方がへただった先生は何をどんなふうに教えていただろう？

　このように、本書のところどころに、読者の皆さんに考えてもらうための演習問題 **考えてみよう！** を設定した。問題によっては巻末に正解例を掲載し、参照しやすいようにページ番号を記載してある（上の問題には正解例がない）。
　本書の内容を理解するためには、ぜひとも演習問題に取り組んでいただきたい。そして、可能な限り、正解例を見る前に自分なりの答えを考え、できれば頭の中だけではなくメモにでも書いてみてから参照していただきたい。

考えてみよう！

　正解例を見る前に自分の答えを出すこと、しかもできればそれを書き出すことをお奨めしているのは、どうしてだと思いますか？

>>> 正解例は160ページに >>>

インストラクションの鉄則

■ 《インストラクション》とは？

　本書のタイトルでもある**《インストラクション》**というコトバ。このコトバになじみのない人でも"スキーのインストラクター"とか"パソコン講習会のインストラクター"なら聞いたことがあるだろう。

　辞書でひけば、インストラクション（instruction）には「教育」、「教授」、「命令」、「指令」など、幅広い意味があることが分かる。
　スキーやワープロの使い方、足し算や引き算、水彩画、最新の遺伝子工学に至るまで、とにかく**何かを教えること**はすべてインストラクションになる。

　それなら**《教育》**と同じじゃないかといえば、そうでもない。なぜなら、道路標識や全自動洗濯機のマニュアル、携帯電話の操作画面などもインストラクションに含まれるからだ。道路標識を教育と考える人は少ないから、インストラクションを教育と訳すのには無理がある。

日本語には教えることに関してここまでフトコロの広い言葉は見あたらない。そこで本書では敢えて日本語には訳さず、そのまま**《インストラクション》**というカタカナを使うことにした。その定義は「何らかの行動を引き出すための仕掛け」である。会議の場所を知らせようと地図を書いたり、建物の中に会場まで道案内の矢印をはったり、着信したメールが読めるように操作メニューを表示したり、距離と速度と時間の文章問題が解けるよう授業をしたり、水彩画が描けるように講習会を開いたり....　すべてはインストラクションの受け手から、ある行動を引き出すための仕掛けである。

> インストラクションとは
> 何らかの行動を引き出すための仕掛けである

　仕掛けは成功することもあれば失敗に終わることもある。地図を見せても道に迷ってしまったり、携帯の操作画面が分かりにくくて使いたい機能が使えなかったり、たくさんの小学生が分数の計算をマスターせずに中学に進んでしまったりする。
　成功と失敗の背景には理由がある。うまく行動を引き出しているインストラクションには、そのための**《デザイン》**があるし、うまく行動を引き出せていないインストラクションには**《デザイン》**がないか、間違ったデザインをしているのだ。
　《デザイン》とは**設計**のこと。インストラクションのデザインは美術・芸術的なデザインより、むしろ自動車や住宅の設計に近い。直感や感覚ではなく、科学的な知識やルールを使って設計図が描かれ、それに基づいて製造、建築されるからだ。直感や感覚だけで設計された自動車は走らないだろうし、住宅の場合にはたちまち崩壊するか、昨今なら、欠陥住宅としてテレビ番組に登場するだろう。自動車が安全

に走行し、住人が安心して住めるようにするためには適切な設計が不可欠なように、インストラクションが成功するには適切なデザインが不可欠なのである。

> インストラクションが成功するためには
> そのためのデザインが不可欠である

　自動車の設計ミスが発覚すればリコールという法的・社会的措置がとられる。住宅の設計ミスに対しても、消費者を保護する体制がようやく整いつつある。

　インストラクションの設計ミスについてはどうだろうか？

　残念ながらインストラクションの業界はいまだに産業革命以前のような状況である。
　インストラクションがうまくいかなければ、まず責められるのは学び手だ。「生徒にやる気がないからだ」「社員に自覚がないからだ」「この子には才能がない」などなど。云々かんぬんするうちに、保護者が悪い、地域が悪い、ひいては社会が悪いということになっていく。
　責められる方も黙ってはいない。「先生にやる気がない」「学校が無責任」「教育委員会が悪い」「文部科学省の政策が間違っている」などなど。云々かんぬんするうちに、やっぱり最後は社会が悪いということに落ち着く。解決策や改善策はないままで。

何か問題があるときに、その原因を個人の能力や性格、やる気のせいにして、問題解決へのアクションをとらなくなってしまうことを、私は**《個人攻撃の罠》**と呼んでいる。インストラクションの業界は個人攻撃のオンパレードになりがちだ。産業革命のためには、この罠に陥らずに、改善のための**《デザイン》**に目を向けなくてはならない。

　行動分析学という心理学では、人間や動物がどうやって学習するかについて莫大な研究を積み重ねてきた。そうした研究や実践から、どうすればうまく教えられるか、どうすればうまく行動が引き出せるかが分かってきている。本書で紹介する**《インストラクションのルール》**、すなわち、うまく行動を引き出すためのルールは、行動分析学の知見に基づいている。

　インストラクションのルールは、教える内容（何を教えるか）や教え手（誰が教えるか）、学び手（誰に教えるか）によって変わることのない汎用的なルールである。汎用的なルールはそれぞれ個別のケースにあてはめ、うまく応用することで威力が発揮される。

　一般的には、うまく教えるコツは経験や直感によるものと考えられている。確かにインストラクションのルールを知らなくても教え方がうまい教師は存在する。うまく教えられている限りそんなルールは知らなくてもいいだろうと思うかもしれない。ところが、私の経験からは、教え方のうまい教師ほど、「このルール、意識してなかったけど自分も使っています」とか「自分はこうやって教えていたんだ」というように、自分の教え方を見直し、さらに改善していくのに役立てられるようである。

《インストラクション》という、日本語ではあまり一般的ではない用語をそのままカタカナで使うことにしたのには、もうひとつ理由がある。それは、"教育"とか"研修"というコトバから連想される、教えることに関する読者の方々の思い入れや考え方をとりあえず横に置いて欲しかったからだ。学校で教鞭をとる先生たちだけでなく、スポーツジムのインストラクター、企業の研修担当者、テクニカルライター、ウェブデザイナーやマルチメディア教材の開発に携わる専門家、あるいは我が子を教えるお母さんやお父さんなどなど.... とにかく、教えることに関わるたくさんの人に読んでいただきたい本である。

　本書の前編では、まず、これを守れば教え方がうまくなるはずといういくつかの着眼点を《鉄則(ルール)》として紹介していこう。

考えてみよう！

・あなたはどんなインストラクションのプロですか？　あるいはプロを目指していますか？
・何を教えるのが得意ですか？　何を教えるのが苦手ですか？
・うまく教えられないときに、個人攻撃の罠にはまってはいませんか？

　この演習問題には正解がありません。ここでは、自分が何を教えるプロなのか、そしてどんなときに個人攻撃の罠にはまりやすいのかを考えて、自分のインストラクションを見直し始める第一歩にして下さい。

<<< 正解例はありません <<<

インストラクションの鉄則

鉄則1　何を教えるのかをはっきりさせる

　小学校の体育の時間。子どもたちがドッジボールをしている。
　「何を教えようとしているのですか？」と教師に聞いてみよう。
　どんな答えが返ってくるだろう。

　《インストラクション》とは行動を引き出す仕掛けである。だから、まず初めに、どんな行動を引き出そうとするのかをはっきりさせないといけない。単純な話のようで、よくよく考えてみると意外に難しいところである。

　小学校の体育の授業でドッジボールをすることで何を教えようとしているのだろうか？
　先生からは次のような答えが返ってくるかもしれない。

- 「ゲームを理解すること」
- 「体を動かすことの楽しさ」
- 「チームワーク」
- 「体力の向上」

　「う〜ん、なるほど」と感心してしまう前に、もう少し考えてみよう。

　「ゲームを理解する」とはどんな行動なのだろうか？
　言い換えれば、子どもたちからどんな行動が引き出せたときに授業が成功したとみなすのだろうか？　それを決めておかないと、インストラクションが成功したかどうか判断できないし、授業を改善するに

はどうすればよいかも分からなくなる。

　インストラクションで教えようとする行動を本書では**《標的行動》**と呼ぶことにする。下に、「ゲームを理解する」というやや抽象的な指導目標を、より具体的な標的行動として書き出してみた。

「ゲームを理解する」とは....「ドッジボールのルールを説明できる」こと。

　たとえば、

(1) ボールをぶつけられたらコートの反対側に出なくてはならない。
(2) ボールをキャッチできればセーフ。
(3) 反対側の味方にパスしてもよい。
(4) 反対側から攻撃してもよい。
(5) 反対側から攻撃して敵にボールをぶつけることができたらコートに戻れる。
(6) 相手チームをコートから全員出したら勝ち。

でも、口で説明するだけだと本当に理解できたかどうか定かではないので....「上記のルールに従ってゲームができる」ことも必要だろう。

　たとえば、

(1) ボールを相手チームの誰かにめがけて投げられる。
(2) ボールをコートの反対側の味方に投げられる。
(3) 投げられたボールをキャッチする。
(4) 投げられたボールをよける。
(5) 当てられたらコートの外（反対側）に出る。
(6) コートの外から相手チームの誰かに当てたら、コートに戻る。

単純に分類するなら、前半の、ルールに関する質問に答えることができるという部分は**《知識》**に関する標的行動、後半の、ルールに従って動けるという部分は**《技能》**に関する標的行動になる。さらに、体育の時間に教わったドッジボールを子どもたちが休み時間にも始めたとする。教師が見ていなくても、教わった通り、ルールを守って遊ぶことができているかどうかが**《遂行》**に関する標的行動になる。

　インストラクションの目標をこのように**《知識》《技能》《遂行》**に分けることを**《目標分析》**と呼ぶことにする。

　産業組織心理学では、職場で各職務に期待されている仕事を同じように分析することがある。その場合は**《職務分析》**と呼ぶ。各職務についている人が何をどのくらい知っていなくてはならないか、できなくてはならないか、実際にしなくてはならないかを書き出していく作業だ。職務分析が適切に実施されれば、それに基づいた査定によって、各職務につく人たちの評価、研修の目標設定、適切な人材配置などが可能になる。

　《知識》《技能》《遂行》について簡単に定義しておこう。

《知識》知っていること（聞かれたら答えられること）
《技能》できること（やろうとすればできること）
《遂行》実際にすること

たとえば、ドッジボールの例ならば「ボールをキャッチしたら、どこに向かって投げる？」という質問に正しく答えられれば、その**《知識》**はあることになる。質問に正しく答えられても、ボールをうまく投げられない子どもは運動技能が未熟なのかもしれないし、ただ面倒くさいだけなのかもしれない。前者は**《技能》**に問題がある場合で、後者は**《遂行》**に問題がある場合だ。後でふれるが**《遂行》**には常に**動機づけ**の要因が関連してくる。

　ただし、これはあくまで便宜上の分類であって、すべての目標がこのうちのどれかに間違いなく分類されるといった厳密な概念ではない。たとえば、「九九が言える」というのは《知識》であるとも《技能》であるとも言える。肝心なのは分類の正確さではなく、こうした分類を使って、何を教えようとしているのかをきちんと把握することである。分類の正確さに関して必要以上に神経質にならないように。

　小学校の体育の時間にドッジボールをすることで何を教えようとしているのか？　ゲームの知識に関することか？　ボールを投げたり受けたりする技能的なことか？　集団でゲームを楽しむという動機づけに関わることか？　そのすべてか？　目標分析という手法によって、こうした思考がぐるぐる回りだして、何を教えようとしているのかがはっきりしてくればokである。

　日本の義務教育では、何年生の何の授業で何を教えなくてはならないかが国によってかなり詳しく決められている。たとえば、平成10年に制定された学習指導要領では、小学校3～4年の体育の時間に「ゲーム」という領域で次のような目標がたてられている。

> (1) バスケットボール型ゲーム，サッカー型ゲーム及びベースボール型ゲームについて，友達と規則を工夫し，簡単な技能を身に付け，ゲームが楽しくできるようにする。
> (2) 規則を守り，互いに協力してゲームを行い，勝敗を素直に認めることができるようにする。
> (3) チームの課題をもち，簡単なゲームを工夫することができるようにする。
>
> [文部科学省小学校指導要領より]

　詳しく決められているとはいえ**《標的行動》**としてはまだまだ曖昧な記述が多いことが分かるだろう。目標分析を行い、さらに具体的な指導目標をつくるのがプロの教え手に期待されている仕事なのだ。

考えてみよう！

　上記の指導要領の「互いに協力してゲームを行い」について、小学校のドッジボールの授業を想定して、より具体的な標的行動を《知識》《技能》《遂行》に分けて書き出してみよう。

　本書では読者としてさまざまな教え手を想定している。だから演習問題の内容もおのずと多種多様になる。インストラクショナルデザインの基本的な考え方は共通だから、自分は体育教師じゃないからといってパスしたりせず、すべての問題に取り組んで下さいね。

>>> **正解例は160ページに** >>>

インストラクションの鉄則

鉄則2　学びにコミットする

「何かを教えても教わった方がそれを学んだとは限らない」

矛盾しているようだが、インストラクションの現場では日常茶飯事に起こっている現象だ。

・分数の授業はしているが、計算ができないままの子どもがいる。
・スノーボード講習を受けたがうまく滑れない。
・交通違反をした人に事故の怖さを教えるビデオを見せるが、また違反して戻ってくる。

矛盾の原因は《教える》というコトバと《学ぶ》というコトバの関係にある。

> ここだけの話....
> 《教える》＝《学ぶ》ではない

　《教える》はインストラクションを与える《教え手》側のさまざまな行動や働きかけであり、《学ぶ》はインストラクションを受け取る《学び手》側の行動の変化である。両者はそもそも別物だから《教える》＝《学ぶ》ではないのも当然と言えば当然なのだ。

もちろん、そんなことを堂々と言っていては《教える》ことがプロの仕事として認められない。だから、できるだけ《教える》＝《学ぶ》になるように、それぞれが工夫することになっている。

　この「ことになっている」というところがミソである。

　小学校の授業でも、ゲレンデのスノーボード講習でも、カルチャースクールの生け花教室でも、多くの場合、教え手は《教える》ことに責任は持っても《学ぶ》ことまでは保証していない。
　学校では教科書通りに授業を進めて、何回か発問し、板書でもしていれば「教えた」ことになる。生徒の３人にひとりが落ちこぼれていたとしても。カルチャースクールでもプログラム通りに講習会が終了すれば修了書がわたされる。参加者全員が目標に到達しなかったとしても。

　生徒の学習状況を常に把握し、生徒が《学ぶ》ように最大限の努力をしている教師だってたくさんいる。テニスやスキーのレッスンを受けたことがある人なら、コーチの教え方によって、上達に大きな差が開いてくることを実感した人も多いだろう。

　《教える》＝《学ぶ》になるように、それぞれが工夫することになっているため、それぞれがどのくらい工夫するかで教え方のうまいへたに大きな個人差ができてしまっているのだ。

　うまい先生にあたればラッキー。でもへたな先生にあたったら....
　これがインストラクション業界の現状である。

　教え手が《教える》ことではなく《学ぶ》ことに責任を持つようになったらどうなるだろう？　教えようとしたことを生徒が学ばない限り、教師は給料がもらえないようになったら？　教え手の仕事は断然

厳しくなるだろう。教えることがうまい教師も増えるかもしれない。でも、逆に、そもそも教師になろうという人が激減してしまうかもしれない。

　どんなに教え方を工夫しても学びに至らないこともある。生徒が病気や怪我で学校を休んでいれば、少なくともどんなに授業を工夫しても学びは起こらない。テニスの上級クラスに何かの間違いで初心者が入ってきたら、他の参加者と同じペースで同じ成果を上げることは難しい。だから、教え手に**《学ぶ》**ことまで100%責任を持てというのは現実的ではない。

　では、どうあるべきだろうか？

　本書で紹介するインストラクショナルデザインの考えでは、教え手は、少なくとも学びに**《コミット》**すべきであると考える。「コミットする」とは「約束する」とか「引き受ける」という意味だ。「できるだけのことをする覚悟をする」といってもいいだろう。

　上述のように、学び手が学ぶかどうかは、教え手にはどうしようもない要因も影響してくる。だから、学びが起こらなかったことをすべて教え手の責任にすることはふさわしくない。なぜなら、そうすると、いくら努力しても報われないことがあるという意味で、教え手のやる気を失わせてしまうからだ。

　《学びにコミットする》ということは、「学び手が学ばないときには、個人攻撃の罠にはまって学び手に責任転嫁せず、教え手側に工夫の余地を探して改善します！」という意思表明と考えていただきたい。
　学び手が学ばないときに、それを教え手側の個人的な問題にするというわけではないので要注意。「私は教師に向いていない」とか「自分が悪かった」とか、工夫の余地を見つけずに自虐的になるばかりな

ら逆効果である。

　コミットさえすれば《教える》＝《学ぶ》になるわけではない。どんな工夫をすればよいか分からずに、やたらに教える方法を変えてみても効果は上がらない。熱心だけどへたな先生になってしまう。

　学びにコミットすることはプロの教え手に必要な基本的な**資質**のひとつだ[注]。その先、どんな工夫ができるのかを、以下、本書で詳しく解説していこう。

!! 注記 !!

　「国民への説明が不足しているのではないか？」という問いに対し、政治家が「いつでも説明しているじゃないですか！」と答えているのをよく見かける。残念なことだが《理解》にコミットしていない《説明》の典型例だ。

　国民の理解にコミットしているなら、これまでの説明の仕方のどこに問題があったのかを分析して、国民の理解が進むように説明の仕方を変えるべきである。コミットしているかどうかは、このように、うまくいっていないときの対応ですぐに分かるものなのだ。

　資質と言っても、生まれ持った能力という意味ではない。これも学ぶことができる能力だ。

インストラクションの鉄則

鉄則3　教える理由をはっきりさせる

　何かを教えることが決まると、すぐに教え始めたくなる人が多いが、ちょっと待った！　何のために教えるのか、その理由を考えておこう。

> 例題１：テニススクール初級のレッスンでサーブを教える。

　何のためにサーブを教えるのだろう。ゲームが楽しめるようになるため？　もしそうなら、ダブルフォルトばかりでゲームにならなければ面白さが味わえない。まずは相手コートに入るサーブから教えるべきだということになる。初級のレッスンでも、思いきり高速なサーブをがんがん打たせているコーチを見かけることがある。ところが入る確率は10球に1球くらい。これではゲームは楽しめない。

> 例題２：中学の数学で因数分解を教える。

　何のために因数分解を教えるのだろう。受験のため？　卒業後も因数分解を使う人はどのくらいいるだろう。因数分解を教えることで、論理的思考や数学の楽しさを教えられると主張する人もいるかもしれないが、その人たちは、もう一度、目標分析をしてみよう。因数分解で教えようとしている「論理的思考」や「数学の楽しさ」とは具体的にはどんな行動なのか。

　何を何のために教えようとしているのか、教える理由を学び手に知らせることで学び手の学習行動が動機づけられることがある。

たとえば、テニスのレッスンを始める前に、その日のレッスンの目標が達成できたら楽しめるようになるはずの模範プレーを見せるとか、サーブを確実に入れていくことがゲームを楽しむのにどれだけ大切かを解説するなどの方法が考えられる。

　教える理由を見直すことは、学び手の学習ニーズを確かめることにもなる。たとえば、数学的に世の中を見ることが教え手にとってどんなに楽しく役に立つことであっても、そのような経験をしたことがまったくなく、興味もない生徒に対しては、何度繰り返し説明しても馬の耳に念仏かもしれない。生徒の興味や関心が高校受験の合格にあるなら、まずはそちらからアタックした方が有効なこともあるかもしれない。

　教える理由と学ぶ理由ができるだけ一致するようにデザインすることは大切だが、現実には一致しないこともある。その場合には、たとえば、授業の最初の時点では受験対策から始めても、学び手が気がつかないうちに「数の面白さ」に惹かれていくように授業を展開していき、受験対策以外にも興味が生まれるようにする。それがまたプロの技になる。

解　説

　日本の小中高校の教師には教える理由について考える機会があまり与えられていない。全国で一律均等の教育を提供するため、授業の内容は指導要領で決められていて、教科書もそれに沿ったものが使われるからだ。

　だから「この授業でなぜこれを教えるのですか？」と質問すると、「指導要領にそう書いてあるから」とか「教科書がそうなっているから」という返事が返ってくるかもしれない。インストラクショナルデザインの考え方からすれば、プロの教え手としてはふさわしくない回答だ。

　しかし、教師を責めることはできない。教員養成課程では指導要領に書いてあることを理解し（教員採用試験のためにはそれを暗記し）、その通りに授業を進めることが仕事として期待されているから。だから、総合的な学習の時間が導入され、何でもいいから児童・生徒の力を伸ばす授業をして下さいと言われると、たちまち混乱する教師があらわれた。無理のないことである。

　これに対し、障害を持った児童生徒への指導は、昔から個別の配慮がなされるように工夫されてきた。特に、個別の指導計画を作成することが義務づけられてからは、子どもひとり一人の教育ニーズにあった授業や指導を考え、実施しなくてはならないようになった。教師たちは「この授業でこの子になぜこれを教えるのですか？」という質問に答えられなくてはならないようになったのだ。

現在、文部科学省は通常学級に在籍している軽度発達障害児に対してもこのように個別に配慮した指導ができるように、特別支援教育という新しい考え方を推進している。

　今後は、障害を持った子どもだけでなく、クラスにいる子ども全員に対して「なぜこれを教えるのか？」と考える機会がすべての教師に与えられるようになるかもしれない。

インストラクションの鉄則

鉄則4　成功の基準をはっきりさせる

　教えることが決まって、教える理由も明確になった。それでもまだ教え始めてはならない。もうちょっと待った！である。

　読者の皆さんは、学生時代、中間テストや期末テストの試験勉強をいつから始めましたか？　試験の範囲が告知されたらすぐ？　試験の1週間前くらい？　それとも2～3日前？　私はいわゆる一夜漬けが多かったくち。それどころか大学生の頃には、一夜漬けするくらいならいさぎよく勉強しないで受けたるわいと酒を飲んでいた。

　ところで学校の先生に聞いてみると、中間テストや期末テストをつくるのは、試験の数日前から前日だそうである。生徒が試験の前日にならないと勉強しないのと妙に一致している。

　インストラクショナルデザインの発想はこれと正反対。まずはテスト問題をつくってから教え始めよう。

　目標分析によって標的行動を具体的に決めて、教えることが決まったように思えても、いざテスト問題をつくってみると、まだまだ具体化が足りないことが分かる。
　また、テスト問題をつくってみると、標的行動をどれくらい、どこまで教えようとするのかという《量》や《質》に関する目標値も考えなくてはならないことが分かってくる。

　何をどれだけ教えられたらインストラクションがうまくいったとみなすのか、《成功の基準》をはっきりさせよう。

> **テスト問題を最初につくってしまうことで
> 成功の基準をはっきりさせよう**

　たとえば、ワープロの使い方を教える講習会を想定してみよう。
　目標を「図や写真が入ったA4サイズのチラシを作成できること」と設定すれば十分に具体的ではあるが、講習会が成功したかどうかを確かめるためには、以下のようなテスト問題が必要になる。

　テスト問題（例）：「見本を参考に、デジカメで撮った写真を挿入してチラシをつくって下さい。見出しの文字は大きく、太字になるように注意して下さい。デジカメで撮った写真の画像データはマイドキュメントに保存してあるものとします」

　実技テストにして、できあがったチラシをいくつかの基準で評価する。たとえば、

(1) 見出しのフォントは大きくなっているかどうか
(2) 見出しのフォントは太字になっているかどうか
(3) 写真は適切な大きさで挿入されているかどうか
(4) A4一枚で印刷できたかどうか
(5) 記事に誤字脱字はないか（あればすぐに修正できるか）
(6) レイアウトが不自然に乱れているところはないか（あればすぐに修正できるか）
(7) その他、チラシ印刷までにかかった時間など。

　そして合格基準を決める。この場合、(1)から(6)までは完全にマスターしなければ意味がないと思われるから、チラシ作成を何分以内でできるようになったか(7)を、合格基準にしてもいいだろう。

このように、テスト問題をつくれば、インストラクションの成功の基準がはっきりしてくるだけでなく、必要な教材や具体的な指導プログラムに至るまで発想が膨らむことが分かっていただけると思う。

　ところで「教育の本質は数値で測れないところにある」と主張される読者もおられるだろう。

　この本のキーワードが《教育》ではなく《インストラクション》であるのも、「教育の本質....」のような反論があるのを承知しているからだ。くれぐれもお断りしておく。本書は教育論の本ではありません。「教育はこうあるべき」とか「学校はこうあるべき」という信念の本でもありません。あくまで、教えるべきことを教えるための技術に関する本です。ですから、読者の皆さんひとり一人がお持ちの「教育論」は横において読み進んで下さい。

　どんな場合でも数値化や測定が適切であるというわけではない。技術的に不可能という意味ではないが、数値化したデータの使い方を誤ればインストラクションの効果にマイナスに働くこともありえるし、測定することが経済的ではないこともあるからだ。

　ただし、ほとんどの場合、インストラクションの性能を上げて、**《教える》**＝**《学ぶ》**になるように改善していくためには、数値化と測定とその評価が不可欠である。本書で紹介するインストラクショナルデザインのルールは、有名な教育学者たちが残した言葉でもなければ、名物先生たちの実践から導かれたものでもない。データをもとにした科学的な研究の積み重ねからまとめられたものである。改善に測定と評価は肝心要と覚えておいていただきたい。

考えてみよう！

指導目標をひとつ決めて、そのテスト問題を作成してみましょう。

<<< 正解例はありません <<<

解　説

　「科学に興味を持ってもらう」「政治・経済に関心を持つようになる」など、**興味・関心**をインストラクションの目標として考える教え手も多いだろう。これらは目標としては妥当であると思われるが、はたして**達成をコミットできる**目標だろうか？

　理科の授業を工夫して、児童が昆虫に興味を持ったとする。その子は授業が終わってからも、昆虫採集に出かけたり、図書室で図鑑を読んだりするかもしれない。授業の前後でこうした行動の頻度を比べれば、興味や関心にどれくらいインパクトを与えることができたかを評価できる（子どもに「虫の生態に興味がありますか？」などのアンケートをしてもいいが、方法論としてはいささか間接的だろう）。成功の基準も設定できるから、立派な標的行動だ。

　ただし問題がある。教え手がどんなに頑張っても、虫よりサッカーが好きな子どもはいる。都市部に住んでいて、昆虫採集に出かけたくても周りはビルだらけということもあるだろう。教えたことの《遂行》に関する目標は、遂行できる環境を教え手が十分に整えられるときのみ、コミットできる目標となる。昆虫の種類や生態などに関する《知識》、昆虫採集や採集した虫の保存に関する《技能》について目標を設定すれば、それはコミットできる。

　《遂行》についても、たとえば、課題図書を1冊選ぶときに、どんな本を選んだかを評価の基準にするなら、よりコミットしやすいかもしれない。それでも、他の授業や他の教師が他のことについて興味・関心を高めるような指導をしていれば、競争的な環境になってしまって、達成をコミットすることは難しいだろう。

一般的に、**興味・関心**に関する目標は、教えたことを《遂行》する環境があるかどうか注意することが大切である。それができないのなら、まずはコミットできる《知識》や《技能》に関する目標を設定すべきである。そして、それらが達成できた後で《遂行》に関する目標を検討し、向上していれば《知識》や《技能》に関する目標の妥当性が確認できるボーナス的な位置づけをすべきだろう。

インストラクションの鉄則

鉄則5　標的行動を見せてやらせて確認させる

　分かりやすく教えるためにはどうすればいいのだろうか？

　インストラクションに関するこれまでの膨大な研究をまとめると、案外単純なルールが導かれる。分かりやすく教えるためには、次の3ステップが含まれていればいい。

分かりやすく教えるためには

標的行動を
(1) 説明する／見せる。
(2) 行動させる／練習させる。
(3) 習得を確認させる。

《(1) 説明する／見せる》 のステップでは、標的行動と教える理由を説明する。説明としては**「何を」「どこまで」「なぜ」「どのように」**学ぶのかを伝えること、そして**見本**や**手本**を例示して見せることが大切だ。たとえば、パソコンとインターネットを使って情報を検索することを教えるインストラクションについては以下のようになる。

何を	・googleなどインターネットの検索エンジンを使って情報を検索する。

どこまで	・調べたい情報に適した検索エンジンを選ぶ。 ・キーワードを選ぶ。 ・検索エンジンを使って検索する。 ・分かったことをレポートにまとめる。
なぜ	・図書館にでかけなくても自宅から好きなときに情報が検索できる。 ・いろいろな検索エンジンを使うことで、さまざまな情報が検索できる。 ・情報から情報へ、関連する情報を素早く検索できる、などなど。
どのように	・「腰痛の原因と対策」をテーマに検索してまとめたA4一枚のレポートを例示する。 ・検索エンジンのリスト（名称、特徴、URL）を配布する。 ・上記のレポートの作成過程（検索部分）をやってみせる。

《(2) 行動させる／練習させる》のステップでは、教えようとしている行動、すなわち標的行動を学び手にやってもらう。もちろん、やらせっぱなしではいけない。教え手は標的行動をよく観察し、期待通りにできているかどうか判定し、学び手に伝えなくてはならない。

　説明したことが、理解できていないようなら説明を繰り返すか、違う方法で説明するか、あるいは練習することで理解が進むのであれば練習に移行するといった判断が必要になる。

　パソコンの講習会やスポーツなど、《技能》のインストラクションでこのステップが欠けることはまずないが、《知識》のインストラクションでは、講義が主体になり、学び手が標的行動をやってみる機会が少なくなる傾向にある。

　しかし《知識》のインストラクションでも、標的行動を練習することは重要である。たとえば、行動分析学には「強化」という概念がある。これは学習に関する基本的な法則のひとつで、行動は行動の結果によってその後繰り返されるかどうか決まるというものである。心理

学の授業でこの法則を教えるとき、私は講義による概念の説明だけではなく、強化の例とそれ以外を区別したり、強化の例を身の回りから探したり、学生をグループに分けて、任意の行動を強化する練習をしたりして、「強化」に関する学生の行動を引き出して練習させる機会をつくっている。

　もちろん、学び手に行動させたときには、できるだけその直後にうまくできたかどうか、うまくできていなければどこをどう直すべきかを伝える。うまくできていなかった場合には、必ず、このフィードバックをもとにして、もう一度やり直して、うまくいくまで繰り返す機会をつくることも重要だ。つまり「強化」の法則を使うのである。

《(3) 習得を確認させる》とは標的行動が学べたかどうかを学び手に確認させることだ。上の練習段階で教え手が学び手の標的行動を確認し、フィードバックをするのだが、これによって学び手が自分で自分の行動を評価できるようにする。標的行動が複数ある場合には、どこまで学習が終了し、あとどのくらい学ぶべきことが残っているかを学び手が自分で判断できれば、動機づけにも役に立つ。

　分かりやすく教えるためのルールはご覧の通り単純なものである。ところがこれらのルールが守られていることは少ない。特に日本の大学では「行動させる／練習させる」や「習得を確認させる」が皆無に近い授業も多い。授業中、教師が話していた時間と生徒が標的行動をしていた時間を観察した研究から、多くの教師が前者に時間をさいて、生徒に練習の機会を与えていないことが報告されている。

　「授業が分からない」という学び手にとっては、分かるか分からないかさえ分からないことがほとんどだ。上の3つのルールを守ってインストラクションをデザインすれば、少なくとも、何がどれだけ分かって、何がどれだけ分からないかは分かるようになるだろう。

「なんとなく分かったけど自信がない」という学び手が多いときには、練習とフィードバックが十分かどうか見直そう。授業や講習会の限られた時間内では十分に練習の機会が確保できないようなら、練習方法や教材を提供して、学び手が自分で練習できるようにデザインするのも解決策のひとつである。

考えてみよう！

　自分のインストラクションを見直しましょう。
(1) 標的行動の説明をして見本を示していますか？
(2) 練習の機会を与えてフィードバックしていますか？
(3) 習得の確認をさせていますか？

<<< 正解例はありません <<<

解　説

　練習というのは誰にとっても億劫なものである。特に、すでにできていること、分かっていることを繰り返すのはつまらないと思う人も多いだろう。
　それでも、スポーツや音楽の世界では練習の価値は万人の認めるところである。練習嫌いと言われるプロ野球選手でも、実は練習していないどころか、一般人とは比べものにならない量の練習をこなしている。生まれ持った感性で演奏しているようなピアニストでも、その裏には何千何万回もの練習があるのだ。

ところが、こうした身体的技能以外の領域になると、なぜか繰り返しの練習が軽視される傾向にある。日本でもついこの間までは書取や古文の暗記など、繰り返しの練習が重んじられていたように思う。それが受験戦争や偏差値教育や詰め込み教育というような批判を受け、現在の「考える力」や「ゆとり教育」に軸足を移したようである。
　丸暗記だけを重視する教育も、「考える力」だけを（それがどんな力なのか特定してもいないのに）重視する教育も偏りすぎだし、デザインが欠けているという点で間違っている。

　学習心理学では昔から過剰学習の有効性が示されてきた。現在、私が注目しているのは、**熟達訓練**（fluency building）の考え方を活用した方法論だ。

　この方法論を研究・実践している人たちは、単なる練習の繰り返し（過剰学習）と熟達訓練を区別するために正答スピードという概念を使う。単なる繰り返し練習では正答率が100%に達した後も繰り返し練習するだけだが、熟達訓練では正答率が100%に達した後、正答スピードがある程度に達するまで練習するのだ。つまり、分かった、できただけでは不十分で、素早く分かり、テンポよくできるようになるまで練習を続けるのだ。彼らは、こうして熟達した技能や知識は維持されるし、妨害にも強いし、応用も効くようになるとしている。

　また、彼らの考え方でもうひとつ注目に値するのが、**複合技能**（composit skills）と**部品技能**（component skills）の区別だ。たとえば、このような事例が紹介されている。

算数の簡単な文章問題が解けない小学生に、文章問題から図を書かせたり、図から数式をつくらせたりしたが、うまく教えられなかった。そこで、この小学生の技能をいろいろ調べてみると、数字や文字を読んだり書いたりするスピードが平均よりも低いことが分かった。そこで、数字をできるだけ早く読んだり、文字をできるだけ書いたりする練習を続けたら、そのうちに文章問題も解けるようになった。

　この事例では算数の文章問題を解くことが複合技能、算数の文章問題を解くのに必要なひとつ一つの技能（複合技能を構成している技能）が部品技能にあたる。複合技能ができないときに、複合技能を教えるのではなく、その構成部品である部品技能をチェックし、そのうち正答スピードが低いものを熟達訓練することで、複合技能ができるようになったという話である。

　こうした研究の数はまだ少ないが、これからの展開に期待が持てる考え方だ。少なくとも、教えようとすることを複合技能と部品技能として分析し、正答率ではなく正答スピードを学習の達成基準に使おうという視点は、丸暗記vsゆとり教育といった机上の論戦よりも役に立つことだろう。

インストラクションの鉄則

鉄則6　意味ある行動を引き出す

　インストラクションを分かりやすくするために行動を引き出すのは有効だ。だが、どんな行動でもいいというわけではない。

　たとえば、講師が板書したものをノートに書き写すという行動はどうだろうか？

　授業が始まっても教科書や筆記用具さえ机の上に出していない大学生が多い昨今では、受講生のほとんどが熱心に黒板を書き写している風景は、授業がとてもうまくいっているように見えるかもしれない。
　ところがよく考えていただきたい。黒板の書き写しによって、実際にはどんな行動が学習されるだろうか？

黒板の文字をノートに書き写すことによって「学び」が進むのならば、教え手の仕事はとても簡単なはずである。授業も必要ない。教科書を渡して、それを書き写す課題を与えればいいだけになる。

　試しに下の文章を書き写してみていただきたい。RealBasic というプログラミング言語の一部分だ。

> Timer は Mode と Period で設定した条件でイベントを発生させる。
> Mode：
> 　0-発生させない
> 　1-1回だけ発生させる
> 　2-連続して発生させる
> Period：
> 　Action イベントの発生間隔をミリ秒(1/1000秒)単位で設定する。

↓

　書き写し終わったら、次の問に答えられるかどうかチャレンジして欲しい。

考えてみよう！

> 次のうち5秒ごとにイベントを発生させるタイマーはどれか？
> A. Mode=0, Period=5000
> B. Mode=1, Period=500
> C. Mode=2, Period=5000

>>> 正解例は161ページに >>>

　読者のほとんどは間違いなく書き写しできたはずだ（生真面目に取り組みさえすれば）。でも、はたして書き写した人全員が上の問いに正解できただろうか？　私の予想はNoである。正解できた人は、もともとプログラミングに精通していた人か、推論のスキルによほど秀でた人か、あるいはあてずっぽうが1/3の確率で当たった人だろう。

　逆に、最初は答えが分からなかった人でも。正答をみて「なるほど！」と納得した人はいたはずだ。そうしてその人たちは「1分後に1回だけイベントを発生させるための設定は？」と尋ねられたら、今度は正解できるかもしれない。

　もし私がプログラミングの授業をするなら、前ページのような情報は教科書かプリントとして用意して、板書はしない。**考えてみよう！**のような例題をいくつか出題し（たぶん、OHPかプロジェクターで）、考えさせる。正解を提示し、正答か誤答かを判断させ、理解したことを確認してから、実際にプログラムをつくらせる。自分が板書する時間と生徒が書き写す時間を節約し、そのぶんを標的行動の練習にあて、インストラクションの効果を高めようとデザインするだろう。
　板書を書き写した後に残るのはノートだけ。学び手の行動の変化はほとんど期待できない。学び手の行動を変えるには、意味ある行動

—すなわち教えようとしている標的行動そのもの—を引き出して（上の例ならModeとPeriodの値を設定する行動）、それに対してフィードバックを提供すべきなのだ。

> 「意味ある行動」すなわち「標的行動」を引き出そう

引き出そうとしている行動に意味があるかどうか分からなくなってしまったら、教えようとしていることについて《判断》が必要な行動かどうかチェックしてみよう。

考えてみよう！

本書を使ってインストラクショナルデザインを教える授業を想定しよう。以下のうち、意味ある行動を引き出せる質問はどれでしょう？

- 「分かりやすく教えるための3ステップをあげなさい」
- 「鉄則6は何でしたか？」
- 「意味ある行動を引き出す質問と引き出さない質問の例をひとつずつ考えなさい」
- 「〜くん。36ページの1段落目には何と書いてありますか？」
- （ある授業を録画したビデオを見せながら）「講師の今の発問は意味ある行動を引き出しているといえますか？」

>>> 正解例は161ページに >>>

インストラクションの鉄則

鉄則7　引き出した行動はすぐに強化する

　意味ある行動を引き出しても、そのままにしておくと消えてしまう。学びを促進するためには、引き出した行動をすぐに強化しなくてはならない。

　《強化》とは行動分析学の専門用語で、行動が繰り返されるようになる法則、あるいは手続きのことである。行動の直後に誉めたり、正解であることを知らせたりすればよい。ここでは詳しい説明は省略するが、標的行動をうまく強化するポイントは以下の通りである。

標的行動を強化するために

(1) 鉄は熱いうちに打て！
(2) もったいぶらずに大盤振る舞い
(3) 正誤の確認を使おう

鉄は熱いうちに打て！
　強化は行動の直後になされると最も効果的であることが分かっている。直後とは瞬間からせめて数秒以内。60秒以上間があくと、ほとんど効果がなくなる。
　たとえば、テニスのストロークのコーチをするなら、学び手がラケットを教えようとしているように振った直後に「いいですね」と誉める。「フォロースルーがよくできてます」と具体的にコメントするのも効果的だ。10分くらい自由に打たせておいてから「いいですね。フォロー

スルーがよくできてました」と言っても、学び手はいい気持ちになるかもしれないが、強化は起こらない。

　強化はタイミングが大切。学び手の行動をつぶさに観察して、強化する機会を逃さないようにしよう。

もったいぶらずに大盤振る舞い
　中学校や高校の部活動を観察していると、「こら〜」「なにしとるんじゃ！」「やる気ないんか、ぼけぇ」と、シゴキに近い指導をしているコーチをいまだに見かける。

　こうしたコーチは、学び手の行動をよく観察しているという点では評価できるのだが、残念ながら、標的行動に達しない点ばかりに着目して、強化とは逆の効果を持つ《弱化》という手続きを使ってしまっている。《弱化》は行動が繰り返して起きないようにする効果を持つ。不適切なプレーを減らすという意味では一見理にかなっているようでもあるが、この手続きは弱化を受けた行動に近い行動も減らしてしまう可能性がある。つまり、不適切なプレーを減らそうとして、逆に、適切なプレーも減らしてしまう可能性もあるのだ。

　伸ばしたい行動を念頭におき、それに最も近い行動を《強化》していくことを忘れてはならない。

　とは言っても、叱ることに慣れたコーチが180°方向転換するのも容易ではない。叱るより誉めて下さいとお願いすると、まずたいていの指導者はだまってしまう。学び手に期待する要求水準が高すぎて、誉めるに値する行動が見つけられないのだ。標的行動が強化される回数も少なくなるので学習は遅々として進まなくなる。

　そのようなときには正答率が80%くらいになるように標的行動を設定し直してもらう。つまり、10回に8回は誉められるような行動を標的行動にする。そうやって指導を始めると、またたく間に学習が進む。100%できるようになったら、少しだけレベルを上げる。また100%できるようになったら、少しだけレベルを上げる。こうして徐々に最終的な標的行動に近づけていく手法を《スモールステップ》と言う。

正誤の確認を使おう

　どんなことが強化に使えるかは、学び手や教えようとしている内容、状況によって変わってくる。誉め言葉がいつでも有効であるというわけではない。《強化》の原理を活用することは「誉めて教える」ということには限定されないので注意が必要だ[注]。

　学び手が学ぶことに関して成熟していれば、正誤の確認だけでも十分強化が起こることが分かっている。いたずらに誉めてわざとらしいという印象を持たれるよりも、学ぶべきことが学べているかどうかを単純かつ正確に知らせるだけの方が適切なことも多い。

　学びの基本には《強化》がある。質の高い、意味のある強化をどれだけたくさん提供できるかどうかがインストラクションの正否に大いに影響する。ご自分の教え方を振り返って、標的行動をどのくらい強化しているか見直してみよう。

> **‼ 注記 ‼**
>
> 　楽器を演奏するときには自ら奏でる音を聴きながら演奏することが大切だから、誉め言葉による強化は望ましくないかもしれない。音声で誉めるときに、演奏が聞こえなくなるからだ。そんなときには手で ok サインを出したり、カードを使うなど、視覚的なフィードバックの方が望ましいだろう。
>
> 　競泳フォームの矯正指導で、コーチがプールサイドを併走し、間違った泳ぎ方をしたときに棒の先でタッチするという触覚的なフィードバックで弱化に成功したという研究も報告されている。

インストラクションの鉄則

鉄則8　正答を教える

　標的行動を引き出す最も簡単な方法は正答を示すことだ。つまり、まずは正答を示せば、標的行動は引き出せる。

　 鉄則5 の《(1)説明する／見せる》を振り返っていただきたい。

　水泳の息継ぎを教えるには正しい息継ぎのフォームを見本として見せる。算数の文章題の解き方を教えるには、ひとつ一つ手順を示す。
　見本や手本を示し、学ぶべき標的行動を見せるのは鉄則中の鉄則。「何を学ぶべきかはあなたが自分で考えなさい」では禅問答になってしまう。

　ところが正答を教えることをためらう人もいる。理由を聞くと「考える力を育てたいから」とか「学ぶ喜びや苦労を教えたいから」という答えが返ってくる。どちらも、もっともな意見だ。
　これに対して、インストラクショナルデザインの考え方からは次のようにアドバイスできる。

> 「考える力を育てる」なら

　「考える力」を育てたいのなら、まず「考える力」を具体的な標的行動として書き出してみよう。算数の文章題を解くという場面における「考える力」とはどんな行動を指すのだろうか。

　たとえば、こんな標的行動はどうですか？

・文章題で問われていること（分からないこと）を書く。
・文章題に含まれている情報（分かっていること）を書く。
・分かっていることから分からないことを計算する方法を書く。
・分からないことを計算する。
・検算する。
・検算の結果が一致しなければ、どこが間違っているか探す。
・検算の結果が一致したら、他に計算方法がないかどうか探す。

　こうした行動を教えるためには「分かっていることから分からないことを計算する方法」が複数あり、そのどれもが学び手に実行できる問題を、できるだけたくさん準備することが必要になる。計算方法がひとつしかない問題では「他に計算方法がないかどうか探す」ことを教えられないし、学び手に実行できない計算方法があれば、その計算方法を、標的行動とは別に教えなくてはならない。練習問題の数が少ないと、それぞれの問題の解法を単純に覚えるだけになりかねないから注意しなくてはならない。

　インストラクションをデザインすれば、算数の文章題を使って「考える力」を育てることは可能である。しかし、こうやって考えれば分かるように、もし標的行動が計算方法そのものであるなら（たとえば、速度＝距離／時間など）、それを教えるためのインストラクションと、上記のような「考える力」を教えるインストラクションとは似て非なるものになるということである。

　もっと言ってしまえば、上のようなデザインなしに、文章問題と公式だけを教えて、それで「考える力」が身に付くようにと願うのは、いわゆる希望的観測である。生徒が公式だけ機械的に暗記したとしても生徒を責めたりしては、もちろんいけない。
　「考える力」を習得していない学び手に対しては、「考える力」が具体的にはどんな行動なのか、その見本を示して、手順を教えること

が必要になる。たとえば、ひとつの文章問題について、上の手順のひとつ一つを例示して、次の問題からは、学び手自身に各ステップを発問させ（「この問題で分からないことは何だろう？」）、自問自答させることが有効になる[注1]。

「考える力」を教えるためには、それがどんな行動なのか、まず、正解を見本として示すことになる。

> 「学ぶ喜びや苦労を教えたい」なら

「学ぶ喜びを教えたいから」なら《強化》に目を向けよう。学び手にとっては学ぶべきことが学べていると確認できることが喜びに通じる。そのためには標的行動かそれに近い行動が引き出されて強化されなければならない。学び手がなかなか正答にたどりつかず、強化されることが少なければ、学ぶ喜びも体験できないことになるのだ。

正答を示し、そして《スモールステップ》によって、すでにできている行動から指導を始めることで、正答率を上げ、強化の機会を増やすことができるのだ。

「学ぶ苦労を教えたい」というのは、答えがすぐには分からない場面でも、簡単に上達しないようなスキルでも、あきらめずに「努力」することを教えたいということだろう。つまり《強化》が少なくても、学びに必要な行動を続けることだ。

「忍耐力」も教えられる。そのためにはデザインが必要となる。
子どもにバスケットの３ポイントシュートを教えることを思い浮かべてほしい。生まれて初めてバスケットボールにさわる子どもだ。投げたボールがフープに入ることは楽しくて《強化》になる。でも、最

初から3ポイントシュートは投げさせないだろう。最初はフープの真下あたりから、場合によっては踏み台を使ってでも、ボールを入れる楽しみを経験させる。そして徐々に距離を伸ばして、最後には3ポイントシュートの位置からの練習に持っていく。

　最初から遠くから投げさせて10回に1回も入らないようでは、すぐに飽きて、やる気を失ってしまう。ところが、少しずつ課題を難しくして、強化の頻度を下げていけば、なかなかボールが入らないような状況でも根気強く取り組めるようになる。つまり「忍耐力」を教えるなら、最初はたくさん強化して、徐々に強化を減らしていくというデザインが必要になるのだ(注2)。

　正答を教えることは「考える力」や「学ぶ喜び」や「忍耐力」を教えることを妨げたりはしない。むしろ、こうした力をしっかり育てるために必要なデザインなのである。

!! 注記 !!

1) Think Aloundモデル（学び手が2人ひと組になり、片方が問題解決のステップを声に出しながら、もう片方がそれを聞きながら一緒に考える方法）などが参考になるだろう。 Whimbey, A. and J. Lochhead. (1999) Problem-Solving and Comprehension. Lawrence Erlbaum Associates, Inc.

2) 専門用語では**《部分強化》**という。ハトを被験体にした実験では、ハトに円盤をつつかせ、餌で強化する。最初は1回つつくたびに餌を与えるが、徐々に回数を増やし、100回以上つつかないと餌がでないような状況でもキーをつつくようになる。

インストラクションの鉄則

鉄則9　誤答を教える

　正答を教えることで標的行動を引き出して**《強化》**の機会を設定できるように、誤答を教えることで不用意な間違いを減らして**《弱化》**の機会を減らすことができる。

　《何をすべきか》だけではなく**《何をすべきではないか》**も示して、学び手の成功体験を増やし、失敗体験を減らしていこう。

　英語の授業で動詞の過去形を教える場合を例に考えてみる。標的行動は「一般動詞の原形を過去形に変えることができる」とする。

　鉄則8　**正答を教える**　にのっとって、まず文法を示し（**知識**）、次にその適用例を示す（**技能**）。

> 「一般動詞の原形を過去形に変えるには語尾に-edをつけましょう」
>
> 「たとえば、want は wanted に、walk は walked に、look は looked になります」

　このまま練習に入ると、いくつかの重大な間違いをわざわざ引き出してしまう可能性があるので、誤答例も示しておく。

「変則的なケースもあります。語尾が e で終わっている場合は d だけつけましょう。

　たとえば、like は likeed ではなく liked になります。

また、語尾が子音+y で終わっているときには y を i に変えて ed をつけます。

　たとえば、study は studyed ではなく studied になります。

もちろん不規則動詞にはこのルールはあてはまりません。不規則動詞の変化はそれぞれ覚えましょう。

　たとえば、see は seed ではなく saw に、give は gived ではなく gave になります」

　このように誤答を教えてから練習問題に入れば、無駄な間違いを減らすことができる。

「それでは試しに練習してみましょう。下の動詞を過去形に書き換えて下さい。*印のついた動詞は不規則動詞ですから、最初は辞書で調べてもいいですよ」

happen	→	(	)	smile	→	(	)
make*	→	(	)	say	→	(	)
live	→	(	)	come*	→	(	)
take*	→	(	)	look	→	(	)

動詞の時制に限らず、文法の課題には例外が多い。だから、常に正答・誤答の例を豊富に用意すべきである。上の例では誤答の文法を3つあげて、それぞれについて正答と誤答を1〜2組ずつ示したが、実際にはもっとたくさん用意すべきである。

　正答と誤答は常に組にして示すと学び手には分かりやすい。どのようにして組をつくればよいのかについては、後編で《RULEG（ルーレグ）》と呼ばれる手法を紹介するときに詳しく解説する。

■考えてみよう！

　小学校低学年の児童に「人の迷惑にならないようにする」ことを教えるなら、どんな正答例と誤答例を組にして提示しますか？

>>> 正解例は161ページに >>>

逆に言えば、この2つの問題を解消できれば、インストラクションで誤答をさせてもかまわない。

　教えようとする内容や学び手にもよるが、場合によっては、間違ってもいいからできるだけ早く答えなさいというように、最初から高速回答を要求した方が学習効率がよいと主張する人たちもいる（ただし、学び手には正答スピードを上げるように指示し、スピードがアップすれば強化するような仕組みが必要）。

　意図的に誤答させることも可能である。 鉄則9 で解説したように、適切にデザインした正答例と誤答例をあらかじめ準備しておけば、学び手が誤答をしても（たとえば「studyed」と答える）、その直後に正答例（「studied」）を示して、さらにその理由（該当する文法）を説明し、もう一度解答を促すことができる。誤答が正答へのきっかけになり、しかも正答を知ることへの動機づけにもなるので有効である。

　肝心なのは、正答だけでなく誤答も教えること、学び手が誤答をしたときには、それが正答につながるようにインストラクションをデザインしておくという発想なのだ。

解 説

　1950年代。学習の科学に基づいて教えようというインストラクショナルデザインの考え方が確立された頃には、誤答をさせず正答だけで学習を進ませる**《無誤反応学習》**が望ましいとされていた。 鉄則8 の**《スモールステップ》**や**《即時強化》《自己ペース》**などのキーワードとあわせて覚えている読者もおられるだろう。教育心理学や学習心理学の教科書には**《プログラム学習》**の特徴として記載されていることが多いからだ。

　これらの基本的な考え方は数多くの実験によって確認されたもので、今でも通用する法則である。

　ただし、当時は実験室の限定された環境で、極めて単純化された教材を使って行われた研究が多く、その適用範囲もおのずと限られてくる。

　《無誤反応学習》は学び手が誤反応をしないように巧妙に教材を仕組む方法である。誤反応が偶然にでも強化されてしまうと、それを後から訂正するのには時間がかかるからだ。いわゆる「思い込み」とか「勘違い」を未然に防ぐテクニックである。

　誤反応が多いということは、教材が難しすぎるということでもある。そうなると、正答が強化されず、学び手の動機づけレベルも低下する。誤反応を減らす努力は、学び手の動機づけを高めることにもなる。

　しかし、ハトを被験体にした動物実験も行われているように、図形の区別など比較的単純な教材を対象にした研究から導かれた

法則であり、より複雑な教材を一度にいくつも網羅しなくてはならない学校教育や成人対象のインストラクションへはあてはめにくいところもある。

　誤答がいっさい生じないような教材を作成するには、**《スモールステップ》**によって標的行動をかなり細かく分割しなくてはならないが、そうすると単純な課題をたくさんやることになるので、学び手が飽きてしまうという弊害もある。

　誤反応を偶発的に強化すると「思い込み」や「勘違い」につながること、誤反応が多すぎれば動機づけが低くなるということは確かだが、こうした問題を防ぐ方法は学び手のプロフィールに合わせてデザインすべきなのだ。

インストラクションの鉄則

鉄則10 スペックを明記する

　授業でも講習会でもレッスンでも、それが、誰に、何を、どこまで、どのように教えようとしているインストラクションなのかが事前に知らされていれば、学び手は自分に適したインストラクションを選択できるし、学べたかどうかも自分で判断できるようになる。

　このためにはインストラクションの**スペック**を明記した資料を準備しておくとよい。

　読者の方々も、携帯やパソコン、冷蔵庫や自家用車を買うときにはカタログや雑誌などから機能や性能を比較するだろう。デザインや機能、価格、パワーや燃費、アフターサービスなど、この商品を選択したらどんなメリットがあるのか、デメリットは何か、いろいろ情報を集めるに違いない。商品やサービスの機能や性能といったスペックが明記されている資料があって初めて賢い選択もできるようになる。

　残念なことに、インストラクションに関しては、このような比較に役立つ資料を目にすることはほとんどない。しかし、このような資料を用意するところから、優れたインストラクションのデザインを始めることができるのだ。

　日本の大学では「自己点検」や「自己評価」という合言葉のもと、欧米の大学に見習って「シラバス」と呼ばれる授業案内を作成するようになってきている。私が学生だった頃は、授業の名称と担当教官の名前くらいの情報で授業を選択しなければならなかったが、最近では、授業の目的、内容、教科書や参考書、成績評価の方法などを記述した

冊子が配られる。これを「シラバス」と呼んでいる。インストラクションのスペックが明記されるようになったという点では大きな改善だ。

昔の大学の授業案内

心理学概論
【担　当】島宗教官 【時間割】月曜3時限

最近の大学の授業案内

心理学概論
【担　当】島宗教官 【時間割】月曜3時限 【概　要】社会の問題や個人の悩みは、よくよく考えてみると、何らかの行動の問題であることが多い。心理学は行動の科学として「行動の予測と制御」に関する法則を見いだしてきた。こうした法則をうまく適用すれば、社会の問題を解決し、個人の悩みを解消することも可能である。この講義では、古くて新しい学習心理学である「行動分析学」を取り上げる。受講者が、社会や個人の問題を科学的に分析し、解決策を立案できるようになることを目的とする。毎週、授業の前半には、具体的な研究や事例、背景にある行動理論などについて講義を行う。後半は、受講者をグループに分け、問題解決のための思考力をトレーニングする課題を課す。受講者は、学期を通して自らの問題を解決する課題を進め、その成果を「問題解決レポート」として期末に提出する。成績評価は授業中の課題とレポートの両方で行う。 【評　価】授業中の課題（10点×6回=60点）。問題解決レポート40点 【教科書】『パフォーマンス・マネジメント』島宗（著）米田出版

スペックを明記することで、学び手には授業を選択したり準備するための情報が提供される。同時に、教え手にとっては、学び手、あるいは雇用主である大学との間にある種の契約を交わすことになる。シラバス通りに授業が展開されたかどうかを調べることで、少なくとも契約通りに仕事がなされたかどうかを評価することができる。

　もちろん、シラバスが大学教育の改善に役立つためには、上記のような評価が実行されるだけではなく、そもそもその内容についても吟味されなくてはならない。そして、たいへん残念なことに、こうした本質的な改善策は後回しになりがちである。現在のところは、文部科学省の意向にそって、とにかく何がなんでも冊子を出すこと、そして今度はそれを電子化することが仕事になっているように見える。シラバスを作成することは大学の教育の質を向上させるための手段であって目的ではない。手段と目的とがすり替えられないように注意すべきだろう。

　インストラクションのスペックを明記することは、優れたインストラクションをデザインするスタート地点としてたいへん重要ではあるが、スペックを明記するだけでは不十分であることを覚えておいていただきたい。

解　説

　インストラクションのスペックを明記している学校がある。それどころか、生徒がスペック通りに学べなければ授業料を返還するポリシーまで貫いている。

その学校はシアトルの郊外にあるモーニングサイドアカデミティである（http://www.morningsideacademy.org/）。1980年代の初めに行動分析家のジョンソン博士が設立した私立学校だ。主に学習障害（LD）や注意欠陥多動性障害（ADHD）を持った小・中学生がそれぞれの学校から転入してくる。

　モーニングサイドは1年間で2学年分以上の学力向上が見られなければ授業料を返還している。ウェブサイトには、最近の学習成果が公表されているが、実際にはほとんどの子どもがこのスペック以上の成果を出している、子どもたちは学力が学年レベルに追いた時点で、モーニングサイドを卒業し、元の学校へ戻っていく。

　なぜ、こんなことができるのか？　もちろん、インストラクショナルデザインの考え方を100%実行しているからだ。研究により効果が実証された教育方法を用い、さらに実践の中で教育方法を常に改善し続けているのだ。

　その仕事ぶりが認められ、今ではモーニングサイドで開発された教材や指導方法が全米の公立学校で使われ始めているという。

　日本でも基礎学力の低下が問題になっているが、基礎学力とは何かなどの問答が多く、効果が実証された指導法の導入にはまだまだ時間がかかりそうだ。

インストラクションの鉄則

鉄則11　学び手を知る

　インストラクションのスペックを書くために《誰に》教えようとしているのかを見直してみよう。それには、学び手に関して次のような情報を集めるのが有効である。

学び手は....

- どんな人か？
- 何人くらいいるか？
- どんなことを学びたがっているか？
- どんな理由で学びたがっているか？
- すでにどんなことを学習しているか？
- まだどんなことを学習していないか？

　特に注意が必要なのは最後の2つ。
　「〜は学習しているはず」とか「〜は学習していないはず」のように、仮定や前提だけでインストラクションをデザインするのは危険である。
　たとえば、小学4年生に進級した児童全員が3年生までの教科の内容をすべてマスターしているということは現実にはありえない。ひとり一人の児童について、すでにどんなことを学習していて、まだどんなことを学習していないのか、どのくらい現状を把握できているかどうかが、うまく教えられるかどうかに大きく関わってくる。

何をどれだけ学習しているかに関する情報が足りないときには（ほとんどの場合にはそうなのだが）、インストラクションを始める前に、情報収集のためにテストを実施するといい（詳しくは後編で）。

　インストラクションが始まった後も、教え手は学び手に関する情報収集を続けなくてはいけない。たとえば、次のような情報を集めよう。

> 学び手は....
>
> ・学ぶべきことを学んでいるか？
> 　（難しすぎて、つまづいていないか）
> 　（簡単すぎて、飽きていないか）
> ・教え手や教え方や教材などに不満を抱いていないか？

　学校では中間テストや期末テストなど、学期の終わりの試験によって学び手の学習状況を知ることが多いかもしれない。しかし、これだけでは情報が少なすぎるし、インストラクションをタイムリーに改善していくためには回数が少なすぎる。

　講義中心のインストラクションであっても、ちょっとした工夫で学び手の学習状況をタイムリーに知ることができる。
　たとえば、私は《コミュニケーションカード》という赤・青のカードを使っている。厚紙をハガキの半分くらいの大きさに切ったもので、初回の講義から学生に配布し、毎回授業に持参させる。授業中にはできるだけ頻繁に指導内容に関する質問をする。学生はこれに対してカードで答える。 鉄則5 を適用した方法だ。同時に、教え手にとっては教えるべきことがどれだけ教えられているかを瞬時に把握できる便利な道具になっている。

間違いが多いようなら説明を追加するし、正解が多いようなら、テンポを速めたり、少し複雑な話を展開する。赤も青も上がらないときには全体的な動機づけが低下していると見なして、話題を変えたり、参加型の演習に移行したりする。

　教え方がうまい教師やコーチは、生徒やレッスン生を常に観察している。教えようとしている標的行動を頭の中に描き、それと生徒の行動を見比べて、違いを見つける。あたかも標的行動と現在の行動との間に線を引き、現在の行動から一歩だけ標的行動に近い目標を瞬時に選んでいるかのようだ。
　こうした技は習得に時間がかかる。だから、技が未熟な場合には、コミュニケーションカードのように、それを補う道具を使えばいいのだ。

考えてみよう！

　近所の子どもたちを対象に野球教室を開くとしましょう。教え手として、教室を始める前に集めるべき、学び手の情報にはどんなものがあるでしょう？

>>> **正解例は 162 ページに** >>>

インストラクションの鉄則

鉄則12　学び手は常に正しい

　教えようとしていることがうまく教えられないとき、教え手は《個人攻撃の罠》に陥りがちだ。

　個人攻撃の罠とは、教え手が教えようとしていることを学び手が学んでいないときに、それを学び手や教え手の能力や適性、やる気のせいにしてしまって、改善のためのアクションをとらないことだ。

個人攻撃の罠		
児童が宿題をやってこなくて	→	「こいつらやる気がなさすぎだ」
同じことを繰り返し説明しても分からない生徒に	→	「この子には適性がない」
授業中、ほとんどの生徒が寝ているか私語をしているのを見て	→	「私には教師の適性がない」

　インストラクションを改善していくための鉄則中の鉄則として、**《学び手は常に正しい》**というルールを覚えておこう。

鉄則中の鉄則：学び手は常に正しい

　宿題をやってこないことが「正しい」という意味ではもちろんない。宿題をやってこない背景にはそれなりの理由がある。その理由が分かってみれば、児童はその理由にかなって「正しく」宿題をしてこなかったことが理解できるという意味だ。宿題をやってこない児童がいるということは、宿題に関するインストラクションのどこかに改善の余地があると考えよう。
　個人攻撃の罠に陥らず、宿題をやってこない理由や原因を児童のやる気や性格、能力のせいにせず、インストラクションの改善点として解明できれば、宿題をやってくる行動を増やすことができるようになる。

考えてみよう！

　あなたは小学6年生の学級担任です。いつも宿題を忘れる児童に対し、個人攻撃の罠にはまらないように、なぜ宿題を忘れるのか、考えられる原因をできるだけたくさん書き出して下さい。解決策は考えなくてけっこうです。荒唐無稽な原因でもかまいません。思い込みにとらわれず、できるだけたくさんの可能性を考える練習です。

>>> 正解例は163ページに >>>

部下や同僚に仕事の方法を説明して、それでも彼らがその通りにできなかったときに「なんでそんなこともできないんだ！」「何回同じことを説明させるんだ！」と怒鳴ってしまったことはないだろうか。私にはちょくちょくあることだ。

　個人攻撃の罠にはまって他人を責め始めるとキリがない。責められた方も、反発したり、意気消沈してしまい、インストラクションとしては逆効果。最悪の状況になってしまう。

　私は授業中にさまざまな演習問題を課すようにしている。学生の多くが似たような間違いをしたときには、その問題に関する自分の講義や教材を見直してみる。そうすると、まるで学生が間違うようにしむけるかのように、説明が分かりにくかったり、解説が不十分だったことが判明する。

　これが分かれば、次回の授業で補足や訂正ができるし、次年度に同じ授業をするときには、最初から間違いが起こらないようにインストラクションを改善できる。

　「最近の学生は勉強しないから…」と個人攻撃の罠にはまってしまったら、こうした改善は不可能だ。《学び手は常に正しい》という鉄則から、「間違うにはそれなりの理由があるはずだ」、「改善できる原因はどこにあるだろう？」と改善の余地を探っていこう。

　最近では大学でも授業評価ということをやっている。これに関しては賛否両論あり、それぞれもっともな意見も多い。インストラクショナルデザインでも、学び手によるインストラクションの評価を重視する。インストラクションを改善するために有効であることが多いからである。

多くの大学が採用しているのは、「講義は分かりやすかったですか？」とか「授業ではスライドやOHPなど視覚的な教材が工夫されて使われていましたか？」のような一般的な質問項目を3点法とか5点法で評価するものだ。しかしながら、こうした評価は授業改善にあまり役立たない。

　私はもっと具体的な質問をすることにしている。たとえば、新しく取り入れた演習の課題について分かりやすさや改善点を質問したり、教材Aと教材Bのうち、来年はどちらかひとつしかやらないとしたらどちらをすべきかなどを聞いたりする。

　授業改善に最も役に立つのは、「この授業を改善するとしたら、どこをどのようにしますか？」のような自由記述の質問である。こうした質問に対しては「スクリーンの前に立って話さないで欲しい」とか「もっとゆっくり話すべき」とか「心理学の基礎的な実験について詳しい話が聞きたかった」など、具体的な提案がたくさん返ってくる。中には、「先生の個人的な話も聞きたかった」など、私にとっては疑問符がつくような提案もあるが、**《学び手は常に正しい》**のルールに基づいて、次年度には何らかの形でこうした意見を反映させている。

　学生の声は、私にとっては授業を改善するために、学生の学習状況に次いで有効な情報源になっている。

解　説

　もちろん学生の声を鵜呑みにするのも危険である。

　たとえば、私が勤務している大学には、教育委員会から派遣されるという形で、小学校や中学校の教師が２年間の修士コースにやってくる。日頃から、難しい児童生徒に教える仕事をしている人たちだから、授業中、学び手がうなずかなかったり、寝ていたりするのがとても苦痛であることを身にしみて分かっている。これは修了生の何人かから聞いたことなのだが、こういう理由で、彼らは面白くもない授業でも、一生懸命うなずくようにしているそうである。大学が実施している授業評価もできるだけ高い得点を付けているそうである。こうした裏事情を知らずに授業評価のデータを鵜呑みにしてしまうと、自分の授業がとても分かりやすく（学生はいつもうなずいている！）、評判もいい（授業評価の得点も高い！）と過大評価してしまうかもしれない。

　信頼できて、妥当性もある授業評価を得るためには、そのためのインストラクショナルデザインが必要になる。まず、否定的な評価をしたことで成績が下がるようなことがないように保証しなくてはならない。無記名の評価をすることもひとつの方法であるが、そうすると無責任な評価者があらわれるかもしれない。だから、その前に成績評価の仕組みを、客観的で透明性が高いように工夫しておく。

　授業の最中にときどき学生の意見を聞いて、それを取り入れていくことも有効だ。些細なことなら、マイクの音量、スクリーンに映し出されるスライドの見やすさ、教材や演習の種類、時には

講義のトピックまで、学生に意見を聞いて取り入れる。そして授業評価のさいには、彼らの意見を来年度以降の授業改善に役立てることを約束する。こうした事前のインストラクションによって、多くの学生が真剣に授業を評価し、改善のアイディアを提案してくれるようになる。

インストラクションの鉄則

鉄則13　教え手を知る

　教え手を知るということは教え手本人にとっては「己を知る」ということに他ならない。教え手は自らの行動が学び手の行動によって影響されることを自覚しよう。

　《インストラクショナルデザイン》の基礎になっている行動分析学の実験室ではラットやハトなどの動物を被験体に使うことがある。実験箱にラットを入れ、**《シェイピング》**と呼ばれるテクニックを使って、レバーを押すことを教える。実験箱に入れられたラットは、最初はうろうろ動き回るだけでレバーは押さない。そこで、ラットがたまたまレバーを見た瞬間に餌を出すようにする。すると、ラットは餌を食べ、そしてまたレバーを見る。 鉄則7 の**《強化》**の力を確認する瞬間だ。

　ラットがレバーを見るようになったら、それだけでは餌を出さないことにする。そうすると、ラットは見るだけでなく、いろいろな行動をし始める。きょろきょろしたり、鼻でくんくん臭いをかいだり、後ろを振り返ったり....　そんな中で、レバーを押す行動に近そうな行動－たとえば、前脚をあげる－がでたら、すかさず餌を出す。ラットは餌を食べ、そして、今度は前脚を上げるようになる。
　こうやって、ラットが見せるいろいろな行動から、標的行動に近い行動を強化していき、最終的に標的行動を教えるのがシェイピングという指導方法である。

　心理学の実験実習で、学生にシェイピングの実習をさせることもあるのだが、最初はなかなか教えられない。実習を続けていくうちにコ

ツをつかんでいき、早ければ数分間でラットにレバー押しを教えられるようになる。学生にとってみれば、ラットがだんだん学んできたように感じるが、ラットにとってみれば、学生がだんだん学んできたように思えるというのが、下のイラストだ（もちろん比喩的な話である）。

「教える」と「学ぶ」の関係がうまくいきだすと、学習は進むし、教え手と学び手の関係もよくなる。関係がうまくいかなくなる理由はいくつかあるが、 鉄則12 を逸脱して、教え手が個人攻撃の罠に陥ってしまうと最悪だ。

　教え手にとって大事なのは、教えるべきことが教えられないとき、人は個人攻撃の罠にはまりがちだという事実を認識すること。そして、それを乗り越えるために、インストラクションのデザインをもう一度見直して、どこに改善の余地があるのか探す作業を始めることである。

　教え手が陥りやすいもうひとつの罠は、自分を基準にしてしまうことである。特に、得意な分野について初心者に教えているときには、自分にとっては至極簡単なことが学び手にとってはなかなかできないで、個人攻撃の罠にはまってしまいがちである。

　学ぶスピードには大きな個人差がある。すべての学び手が同じように学習するわけではない。ましてや教え手と同じように学習しなくてはならない理由はない。学び手は個人のペースで学んでいくことを忘れないようにしよう。

　インストラクションをデザインする人と教え手が同一人物ではないこともある。教科書を書いたり、マルチメディアの教材を作成したり、誰か他の人が指導者を務める研修プログラムを開発するときなどがこのケースだ。
　この場合には、学び手に関する情報を収集するのと同じように、教え手に関する情報を収集する。

> 教え手は....
>
> ・どんな人か？
> ・何人くらいいるか？
> ・どんなことを教えようとしているか？
> ・どんな理由で教えようとしているか？
> ・どんな方針で教えようとしているか？
> ・教材に関して教え手は、すでにどんなことを学習しているか？

考えてみよう！

　次のような状況であなたは教え手としてどんな反応をしやすいですか？　学び手に対してとってしまいがちな己の行動傾向を把握しておきましょう。
・学び手が指示に従わないとき。
・学び手が指導方法に関して不平をもらしたとき。
・学び手が標的行動をなかなかうまくできないとき。

<<< **正解例はありません** <<<

インストラクションの鉄則

鉄則14　学ばせて、楽しませる

　誰でも楽しく学びたい。難しすぎたり、簡単すぎたりして、インストラクションが楽しくなければ学び手の学習意欲は確実に低下する。

　ただし、楽しくすれば学ぶというわけでもない。辛い思いをしないと学べないというのが時代錯誤で、そもそも何の根拠もない精神論的な考え方であるのと同じである。

　インストラクションによって何かを学ぶか学ばないかということと、インストラクションを楽しいと思うか思わないかということは、そもそも別のことである。だから、読者の皆さんにも、下の表の4つの欄それぞれにあてはまる経験が見つかるはずだ。

学べなかったけど 楽しかった	学べて 楽しかった
学べず 楽しくもなかった	学べたけど 楽しくなかった

考えてみよう！

　前ページの表のそれぞれの欄にあなたの経験を書き込んでみて下さい。私の経験は正解例に。

>>> **正解例は163ページに** >>>

　「学ぶこと」と「楽しいこと」とが別であると分かれば、次の2つが根拠のない思い込みであることも納得できるはず。

根拠のない思い込み

・楽しませれば学ぶはず。
・厳しくしないと学ばないはず。
・学んでいれば楽しいはず。

　たとえば、九九の暗唱。何の工夫もなく呪文のように唱えるだけだと、つまらないし、練習しない児童も出てくるだろう。だからといって、アニメキャラクター満載のパソコンゲームを用意しても、キャラクターが動いたり、何か喋ったりするのは楽しくても、それだけでは九九の暗唱ができるようになる保証はない（楽しければ学ぶというわけではない）。アニメのキャラクターで楽しませるだけでは学びにコミットしているとは言えない（ **鉄則2** ）。

　同じ楽しませるにしても、1分間で言える九九のスピード競争などをすれば、子どもたちは楽しんで、かつ学習が進むかもしれない。

最近「百ます計算」が話題になっているが、全員ではないにしろ、多くの子どもにとって「学ぶこと」と「楽しいこと」の両方をおさえた優れた教材・指導法だといえる。

　スポーツの世界ではいまだに特訓とか「しごき」が残っているらしい。全国レベルの選手育成を考えたら、当然、練習の質だけではなく量も上げていかなければならないので、すべて楽しくというのは不可能かもしれない。また、試合におけるいざというときの粘りは、精神的・肉体的に厳しい状況で練習しておけば発揮されやすいのも事実だろう。

　しかし、高校野球とかオリンピック選手の舞台裏などを特集するテレビ番組などで、選手たちがいかに厳しい練習をこなしているか放映されることで、こうした事実が過大評価されがちであることも認識すべきだ。

　厳しいだけの練習は、それに耐えうる体力や気力をもともと習得していた選手をふるいにかける《**選抜**》の機能の方が、そうでない選手を《**育成**》する機能よりもはるかに大きいと私は考えている。つまり、国を代表する選手を選ぶ仕組みとしては役に立つかもしれないが、より一般的なスポーツ指導の方法としては怪我や故障、燃え尽き症候群など、さまざまな弊害を引き起こすマイナスの効果の方が大きいと思う（厳しくすれば学ぶわけではない）。単なる「しごき」も学びにコミットしているとは言えない。

　ここ数年、学校教育では**興味**や**関心**がキーワードになっている。数学嫌いや理系離れの対策として、子どもの**興味・関心**をひくことが必要以上に重視されるようになっていることも警戒すべきだ（興味・関心に関する目標を設定するときの注意点はすでに 鉄則4 で解説した）。

興味や関心は教え手から与えられるものではない。学習が進むにつれて、学び手に生まれる価値観である。もちろん、たとえば、電気について教える授業の導入部として、子どもたちの興味をそそるような静電気のデモンストレーションをしたり、ビデオを見せたり、実験をしたりというのは必要な工夫である。しかし、経験だけで終わってしまったら、「楽しかったけど、学ばなかった」授業になってしまう。**興味・関心**をひくだけでは学びにコミットしているとは言えない。

　それでは学びにコミットしながら、かつ学び手を楽しませるためには、どのようなデザインが必要なのだろうか？

　教える仕事の醍醐味は学ぶこと自体の面白さを教えられる可能性にあると私は考える。九九でも、理科でも、野球でも、それぞれ教える内容は違っても、学び手からすれば、今までできなかったことができるようになる、分からなかったことが分かるようになるという点が共通している。学び手が自分の行動のこうした変化を楽しいと感じられるように教えられれば、学ぶことに関して大きなインパクトを与えられたことになる。

　そのためには、学び手に自分の行動を知ってもらい（何ができて何ができないか／何が分かって何が分からないか）、インストラクションでは、標的行動に近づくたびに強化し、自分の行動が変化していくことを学び手に分かるようフィードバックしていくデザインが有効である。つまり、新しく何かを学ぶことが楽しくなるように工夫するのだ。

インストラクションの鉄則

鉄則15　個人差に配慮する

　まったく同じインストラクションを用意して、できるだけ同じように実施しても、学び手が異なれば学習の進度に差が出てくる。教えようとすることに関するもともとの知識や技能、学ぶことに関する動機づけの程度などに個人差があるのが普通だからだ。

　したがって、複数の学び手を相手に教える場合には、個人差への配慮をデザインすることが極めて重要になってくる。

　スキーでパラレルターンを教える講習会を例に考えよう。学び手の中に、すでにシュテムターンまではできている人と、まだボーゲンしかできていない人が混在していれば、当然、その差が表れる。シュテムターンができている人の間でも、脚を屈伸する筋力や柔軟性、斜面への恐怖感などの個人差によって、練習の進み具合に違いが生まれる。

インストラクションをデザインするときには、学習に影響する主要な要因や条件を書き出してみよう。大きな個人差が予想される場合にはそのバラツキにどのように対処するか、あらかじめ対策を立てておくといい。

前述のスキーの講習会の例なら、最初に簡単なテストをして、シュテムターンができている人とまだできていない人をグループに分けてしまうのも手である。あらかじめ、「このレッスンに参加するにはシュテムターンができていることが条件です」と断っておくことも必要かもしれない。その上で、まだできていない人にはシュテムターンのレッスンを別に提供すればいいのだ。筋力や恐怖感の差は、できるだけ斜度の小さい斜面を使えば最小限に抑えることができるだろう。

ちなみに学習における個人差は習得にかかるスピードの差として表れる。習得できる内容の程度には、理論上、個人差は生じない（オリンピックレベルの競技で骨格、筋力、柔軟性など、遺伝的要因が大きく関係していない限り）。一を聞いて十理解する人もいれば、十聞いて一理解する人もいるが、インストラクションが最適にデザインされれば、後者も十理解できるようになるということだ（百聞かなくてはならないかもしれないが）。

鉄則5 では練習の機会を確保する重要性を解説したが、学び手それぞれのペースで十分に練習ができるようにデザインすれば、習得にかかるスピードの個人差はある程度は吸収できる。

学び手全員に同じ到達点に達してもらうことが目的ならば、個人攻撃の罠にはまらずに、何が個人差を生じさせているかを検討して、改善の余地を見つけよう。

インストラクションの鉄則

鉄則16　「分かりました」で安心しない

　講義や研修をしていて、うっかり「分かりましたか？」と聞いてしまうことがある。
　「分かりましたか？」は教え手の禁じ手のひとつ。なぜなら、分かっていない人は分かっているか分かっていないかも分かっていないことが多いし、最悪の場合には、分かっていないのに分かっていると思っているからだ。

　それでも教え手はついつい「分かりましたか？」とやってしまう。「分かりましたか？」と聞けば、ほとんどの学び手がうなずいて「分かりました」と答える。　鉄則13　で確認したように、教え手の行動は学び手の行動に影響されるから、ますます「分かりましたか？」と聞いてしまうわけである。

　職業柄、私は学校の先生に教えることが多いのだが、講習会の後などで、「よく分かりました！　目から鱗が落ちるような気がしました」などと言われることもある。悪い気はしない。それどころか嬉しくてニコニコしてしまわないようにするので精一杯なくらいである。
　ところが、こうした先生と少し突っ込んだ話をしていくと、だんだんボロが出てくる。勘違いしていたり、言葉尻をとらえて自己流に解釈していたりする。がっかりすると同時に個人攻撃の罠にはまりそうな自分を発見する。「なんだ。ぜんぜん分かってないじゃないか」と。

自分のインストラクションを過大評価しないように、授業や研修中には「分かりましたか？」以外のさまざまな方法で学び手の学習状況を確認するようにしている。鉄則11 で解説したコミュニケーションカードを使うときにも、分かったかどうかを質問するのではなく、たとえば、下のように教えようとしている概念の例と例外を区別させるような質問をする。

分かったかどうか確かめられない質問の例	分かったかどうか確かめられる質問の例
「「強化」について分かった人は青、分からなかった人は赤を上げて下さい」	「これからいくつかのエピソードをあげます。それが強化の例なら青、強化の例でなければ赤のカードを上げて下さい」

　「分かったかどうか」というのは極めて曖昧な判断基準だから、教え手と学び手の間で「分かったかどうか」の基準について共通認識をつくることも有効だ。
　たとえば、学生から「分かっているんだけど、言葉では説明できないんです」と言われることがある。世の中には言語化しにくい理解ももちろんあるのだが、私の授業では言語化できることしか教えていないので、「それは分かっていないということだよ」と言う。学生は不満そうな顔をする。
　そこで、受講生全員に対して、私の授業では次のようなことができたときに「分かった」とみなすということを説明することにしている。

> 新しい概念について「分かった」とみなすには....
>
> ・その定義を言えるようになる（丸暗記で ok）。
> ・その定義を自分の言葉で言い換えられるようになる。
> ・その定義にあてはまる例と例外を区別できるようになる。
> ・その定義の例を自分で考えられるようになる。

　「分かった」をここまで具体的に定義すると、「分かっているけど説明できない」と主張する学生はいなくなる。自分で自分の「分かった」レベルをかなり正確に把握できるようにもなる。
　演習の課題もこれに則してつくっているので、分かった気になって考えることを止めてしまうのも防げるようになる。

　「分かった」に関してもうひとつご注意を。

　上のような条件で「分かった」をパスしたからといって、自動的に「できる」とは限らない。テニスのボレーの定義を言えて、ボレーとストロークの区別ができても、ボレーができるとは限らない。知識と技能は独立したものである。
　「できる」から「する」とも限らない。自動車の運転中にシートベルトを締めないと事故の際に死亡する確率が高まることは「分かって」いて、シートベルト着用も「できる」のに、シートベルトを着用しない人もいる。遂行も、知識や技能とは別に、独立した別ものである。

鉄則1 の目標分析で確認したように、インストラクションの目標は《知識》《技能》《遂行》それぞれにたてなくてはならないし、目標が達成できたかどうかも別々に評価しなければならない。

　分かりましたか？

考えてみよう！

　次の状況それぞれで「分かりましたか？」の代わりに使うべき確認の方法を考えてみましょう。

(1) タバコを吸っている小学生を見つけ「もうしないな。分かったな！」と叱ったら「分かりました」と返事をした。

(2) 顧客からクレームのついている窓口担当の部下に、望ましい接客態度について説明した。最後に「しっかりやってくれ」と言うと、「分かりました」と答えた。

>>> 正解例は164ページに >>>

インストラクションの鉄則

鉄則17　改善に役立つ評価をする

　あなたが教えた授業の期末テストで、生徒たちの成績がさんざんだったとしよう。あなたはどう考えるだろうか？

- 試験勉強を十分にしなかった生徒たちを責める。
- 家で生徒たちに勉強させない保護者を責める。
- 教えるべきことをしっかり教えられなかった自分を責める。

　正解は上のどれでもない。すべて個人攻撃の罠にはまっているからだ。
　試験は学び手を評価するために行うと考えるのが一般的だが、うまく教えられたかどうか、インストラクションを評価するためという、もうひとつの側面を忘れてはならない。
　期末テストの得点が満足すべき点よりも低かったということは、インストラクションに改善の余地があることを示している。

　だから正解は、

- 生徒たちが何を学んで何を学ばなかったのか調べる。
- インストラクションを見直して改善の余地を探す。

になる。

　あなたが出題した期末テストで、ほとんどの生徒たちが満点をとったとしよう。あなたはどう考えるだろうか？

・事前に問題が流出していなかったかどうか疑う。
・試験を簡単にしすぎた自分を責める。
・満点をとった生徒たちを素直に褒める。

カンニングや問題流出がなかったかどうか調べることは確かに必要かもしれないが、試験を簡単にしすぎたかどうか、生徒たちを褒めるべきかどうかは、テスト問題をどのように作成したのかによる。

つまり、テストの成績に関わらず、

・教えるべきことが教えられたかどうかを評価するのに適切な問題だったかどうかを確認する。

ことが重要なのだ。

そのためには以下の点に注意しよう。

教えたことを評価すること

当たり前のようだが、破られることが意外に多いルールだ。
極端な例をあげよう。三角形の面積を計算する公式を教えるのに、授業では次のような図形を例として使ったとする。

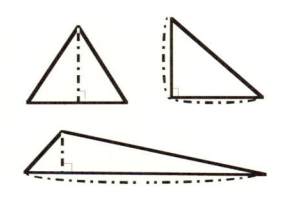

ところが、テストではこんな図形を出題したとしよう（長方形の面積計算は学習ずみで、台形の面積計算は未学習と仮定する）。

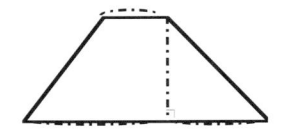

授業で学習した三角形の面積を求める行動が学習されていて、台形を2つの三角形とひとつの四角形に分解できれば解ける問題である。応用問題と言ってもいいだろう。

しかし、生徒がこの問題を解けなかった場合、あなたはその生徒が三角形の面積を計算できなかったのか（そもそもの標的行動）、図形が分解できなかったのか（教えていない行動）、それらすべてを組み合わせることができなかったのか（教えていない行動）、知るすべがなくなってしまう。

つまり、標的行動が学習されていたとしても、テスト問題に正解するために必要な他の行動ができなかったために、あたかも標的行動が学習されていなかったかのように評価されてしまう危険があるわけだ。

もちろん、こうした応用問題が不適切であると言っているわけではないので誤解のないように。応用問題を出題するなら、回答するのに必要な行動をすべて教えること。もしすべてを教えずに出題した場合には、標的行動とそれ以外の行動を別々に採点し、評価できる準備をしておくことが必要だ。

| 教えたことはすべて評価すること |

　これもほとんど守られていないルール。その原因はテストの回数が少なすぎることにある。学期ごとに1〜2回しかテストをしなければ、そしてテストの実施時間が限られていれば、当然、すべての標的行動はテストできない。出題する問題を選ぶことになる。
　したがって、選ばなかった問題については、その標的行動が教えられたかどうか、インストラクションが十分であったかどうかが分からなくなってしまう。
　また、数ある標的行動からいくつかだけ選んで出題すると、学び手がテスト問題に関してヤマをかける動機づけを高めてしまうという副作用もある。勉強したことがすべて評価されないのなら、すべてを勉強しようという動機づけももちろん低くなる。
　この問題を解決するためには、テストの回数を増やすことが最も合理的である。

考えてみよう！

　ここまで、インストラクショナルデザインの17の 鉄則 を上げ、インストラクションを改善するための基本的な考え方を解説しました。これらのルールをもとに作成したチェックリストを使い、教え手として、あるいは学び手として、いくつかのインストラクションを評価してみて下さい。

インストラクションの鉄則チェックリスト

何を教えるのかはっきりしていますか？
学びにコミットしていますか？
何のために教えるのかはっきりしていますか？
成功の基準は明確ですか？
標的行動を見せてやらせて確認させていますか？
意味ある行動を引き出していますか？
引き出した行動はすぐに強化していますか？
正答を教えていますか？
誤答を教えていますか？
スペックを明記していますか？
学び手に関する情報を把握していますか？
学び手は常に正しいとする視点を忘れていませんか？
教え手に関する情報を把握していますか？
学ばせて、楽しませる工夫をしていますか？
個人差に配慮していますか？
「分かりました」で安心していませんか？
改善に役立つ評価をしていますか？

<<< 正解例はありません <<<

インストラクショナルデザイン

後編
インストラクションのデザイン

Instructional
Design

インストラクションのデザイン

おおまかな流れ

　この章では、インストラクショナルデザインの考え方を使って、授業や講習会、トレーニングプログラムやワークブックなどを開発していく手順をステップ・バイ・ステップで解説する。

　優れたインストラクションをつくるには、それなりの準備と手間が必要だ。時間もかかる。ここで紹介する手順のすべてを、どんな場合でもこの通りに行わなくてはならないというわけではない。

　むしろ、おおまかな流れをつかんで、どんな作業をすればインストラクションの性能を上げられるのか、できるだけたくさんのアイディアを得ていただきたい。

　インストラクションをつくる手順は次の４つの段階に分けられる。

1. 準備段階	誰に何をどこまで教えるかなど、インストラクションの基本的なスペックを決める。
2. 開発段階	何を使ってどのように教え、どのように評価するかを決めて、必要な教材などを準備する。
3. 実施段階	授業や講習会、トレーニングプログラムなどを実施する。
4. 改善段階	インストラクションの成果を測定、評価し、それに基づいて教材や指導法などを改善する。

この手順は『プラン・ドゥー・シー』（計画・実行・評価）と呼ばれるサイクルになっていて、新製品の開発やサービスの充実などに使われている《改善》のための標準的な手続きだ。
　ちなみに《改善》というコトバはそのまま《Kaizen》として世界に通用しているのをご存じだろうか。トヨタ自動車など、優良な日本企業における生産管理や品質管理の手法を海外の企業が見習っているからだ。
　インストラクショナルデザインは、こうした改善の手法を教育や研修、トレーニングの開発へ持ち込むものとも言える。

　下の図から分かるように、インストラクションは繰り返して実施されるたびに、改善のためのサイクルによって、前回よりも今回、今回よりも次回というように、確実に改善されていく。直感や経験やその時々の流行による教育や研修との違いがここにあるのだ。

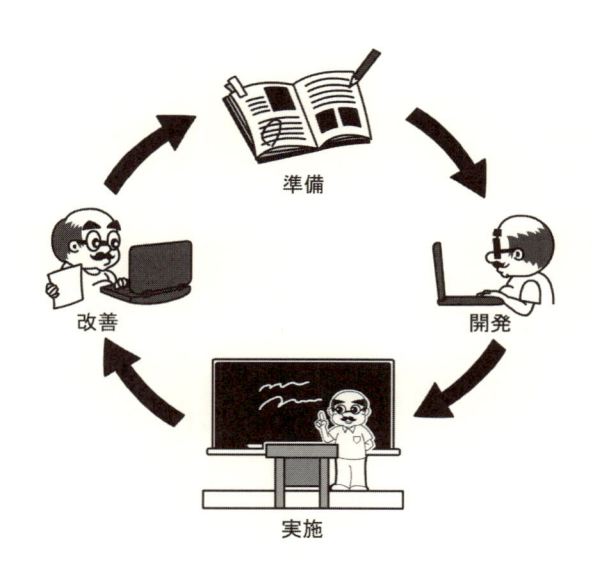

インストラクションのデザイン

ステップ1　本当にインストラクションが必要ですか？

　インストラクションをつくる最初のステップは、インストラクションが本当に必要とされているかどうかを確認すること。当然のようだが、これを忘れるとこれから先の仕事がすべて無駄になってしまうかもしれないから要注意である。

　この段階で油断すると曖昧になりがちなインストラクションの目的を明確化しよう。まずは、次の質問に答えられるかどうかチェックしていただきたい。

> ・何を教えようとしていますか？
> ・誰に教えようとしていますか？
> ・教えようとしていることは学び手ができない（知らない）ことですか？
> ・教えようとしていることを学び手ができない（知らない）のは、インストラクションがないことが原因ですか？
> ・学び手には教えようとしていることができるようになりたいという要望がありますか？　周りの人や社会はそれを望んでいますか？

　何を教えようとしているのか分からずに教えている人はいないはずだと思うかもしれない。しかし前編で解説したように、インストラクションの目的を具体的な標的行動として意識している人は少ないはずだ。

学び手が誰かを知らない教え手も少ないだろう。だが、学び手がどんな人たちか知らずに教えている人は多いのではないだろうか。彼らはどんな理由であなたの講習会に参加しているのか、何を知りたいのか、どんな問題を解決したいと思っているのか、すでにどんなことを知っているのか、どんなことならできるのかなどなど....
　学び手に関するこうした情報はインストラクションの性能を高めるために有益なのに、ほとんどの場合は調べられず、あるいは調べても利用されずにいるものである。

　学び手に関する情報が足りないために、学び手がすでに知っていることやできることを教えようとしていないだろうか？　学校では、往々にして、授業についていけない子どもたちばかりに目が向きがちだが、実は、塾で教わったり、自分で学んだりして、すでに知っていること、できることをやらされている子どもも多い。ついていけない子どもが授業を苦痛だと思うのと同じくらい、こうした子どもも授業を苦痛と感じている。

　インストラクションが本当に《必要》なのは、教えようとしている知識や技能が学び手に欠けていて、かつ、それを教える理由があるときだけである。
　教えようとしていることが「できない」「しない」から、知識や技能がないと判断できるとも限らない。これについては次のステップで確認しよう。

インストラクションのデザイン

ステップ2　しない・できないの原因は？　問題の原因分析

　インストラクションが《必要》かつ《有効》なのは、学び手がしないことやできないことがあるときに、その原因が知識や技能の未習得にある場合である。原因がそれ以外にある場合には、インストラクションは有効な解決策にはならない。
　無駄なインストラクションをつくらないために、ここでは、しない・できないの原因を推測する手法を紹介しよう。

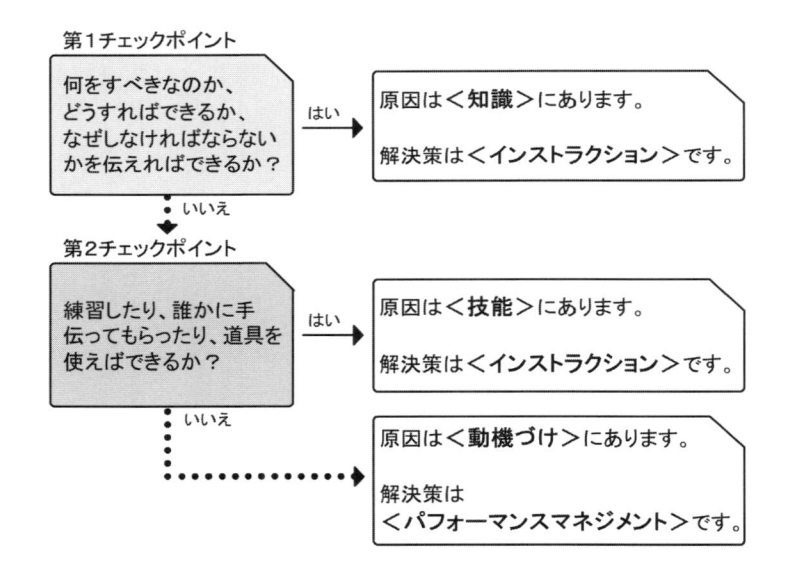

第1チェックポイント
何をすべきなのか、どうすればできるか、なぜしなければならないかを伝えればできるか？
→ はい → 原因は＜知識＞にあります。解決策は＜インストラクション＞です。
↓ いいえ

第2チェックポイント
練習したり、誰かに手伝ってもらったり、道具を使えばできるか？
→ はい → 原因は＜技能＞にあります。解決策は＜インストラクション＞です。
↓ いいえ

原因は＜動機づけ＞にあります。
解決策は＜パフォーマンスマネジメント＞です。

前ページの図は、行動に関して解決すべき問題が生じたときに、その原因と解決策を探るための流れ図である。

望ましい行動が行われていない、あるいは望ましくない行動が行われてしまうとき、それが《問題》として認識される。ここではシートベルトの着用率の問題を例に考えてみよう。

流れ図の第1チェックポイントでは、シートベルトをつけなくてはならない理由（事故のときに死なないためになど）を教えて、着用の仕方を説明する。これで着用するようなら、原因は《知識》の欠如にあったことになる。したがって、問題の解決策はそういった情報を分かりやすく提供するインストラクションということになる。

情報を提供してもシートベルトをつけるようにならなかったら、原因は《知識》にはなかったことになる。次へ進もう。シートベルトをつけなくてはならない理由を知っているのに着用しない人たちが対象になる。

第2チェックポイントでは、シートベルトの着用練習をしてみよう。高齢者にとっては、体をひねって手を伸ばし、ベルトを片手で引っぱってきてバックルに止めるという動作が困難な場合もある。子どもや初心者にとっても《技能》が未熟なためにできないという場合もあるだろう。適切な練習を含んだインストラクションや、着用しやすいシートベルトや補助具の開発などが解決策になるだろう。

練習したり、補助具を使ったりして、技能的な問題が解決したにも関わらず着用が進まなければ、それは《動機づけ》に原因があることになる。何をすべきか、なぜそうすべきなのか知っていて、しかもできるのにしない場合である。この場合の解決策は動機づけ要因を工夫する**パフォーマンスマネジメント**になる(注1)。

近年、罰則が厳しくなったことで飲酒運転が激減したと言われている。これまで何年も交通安全キャンペーンや免許証更新時の講習で、口をすっぱく説明しても減らなかった飲酒運転が減り始めたのだ。これは、この問題の原因が《動機づけ》にあることを示している。問題

の原因を取り違えて、インストラクションでは解決できないことをインストラクションで解決しようとしていた典型的な例である。

　行動問題の原因は、アタマで考えて推測できることもあれば、解決策を実施してみないと分からないこともある。だからこそ、改善のサイクルの《評価》が重要なのだ。インストラクションの効果を確認せず《実施》だけを続けると、時間だけが無駄にすぎていくことになりかねない。

　また、行動問題の原因は人によって異なることも頭に入れておこう。広い範囲の対象を学び手とするインストラクションの場合、考えられる原因はすべて網羅できるように、いくつかの解決策を組み合わせた方が手っ取り早いこともある。これを《パッケージ》と呼ぶことがある。

考えてみよう！

　ゴミの分別回収を例に考えてみましょう。可燃物、不燃物、ビン、カン、ペットボトル、新聞紙など、自治体によってはかなり細かく分類してゴミを出すことを住民にお願いしています。それでもすべての人がその通りにゴミを出してはいないのが現状です。実際には収集してからさらに業者に依頼して（税金を使って）リサイクルできる資源ゴミなどを再分類しているところもあるようです。住民ひとり一人が「責任」を持ってゴミを出せばこのような支出も減らせるわけですが、個人攻撃の罠にはまって"責任感のない人"を責めているだけでは問題は解決しません。
　そこで、原因推定の流れ図を使い、このゴミの分別収集の問題のどこにどんな原因がありそうかを探ってみて下さい。

	推定できる原因	解決策の案
知　識	（知識に関して推定できる原因を書いて下さい）	（知識に関して提案できる解決策を書いて下さい）
技　能	（技能に関して推定できる原因を書いて下さい）	（技能に関して提案できる解決策を書いて下さい）
動機づけ	（動機づけに関して推定できる原因を書いて下さい）	（動機づけに関して提案できる解決策を書いて下さい）

>>> 正解例は164ページに >>>

!! 注記 !!

パフォーマンスマネジメントについては拙著『パフォーマンス・マネジメント-問題解決のための行動分析学-』（米田出版）をご参照下さい。

インストラクションのデザイン

ステップ3 何を教えるか明らかにする: 課題分析 (1)
　　　　　ー 複雑な課題を細かく分解しよう ー

　「何を教えるか」というインストラクションの目的は、学び手から引き出す行動として具体的に決める。このためには**《課題分析》**という手法を用いる。
　課題分析には複雑な課題を細かく分解して書き出す方法と、抽象的に表現された目的を具体的な行動に置き換える方法がある。ここではまず前者を解説しよう。

エキスパートの行動 － ビギナーの行動 ＝ 標的行動

教えようとしていることが複数の行動からなる課題の場合、それらを細かく書き出してみると、何を教えなくてはならないかが分かってくる。

　たとえば、アリソンとアイロンという研究者は、初心者にテニスを教えるために、まずは上級者と初心者のフォームを比べた[注1]。そして、フォアハンドストローク、バックハンドストローク、サーブで、ボールを打ち終わったときの身体の状態を課題分析した。以下に、フォアハンドストロークの課題分析を例に示そう。

---

(1) イースタンのフォアハンド、コンチネンタル、あるいはオーストライアンのグリップでラケットを握っている。
(2) 右利きプレイヤーの場合、左足はネットに向かって、逆側の足はその後ろに、同じ方向を向いている。
(3) 前足に加重がかかっている。
(4) 前足の膝が曲がっている。
(5) 後ろ足はつま先だけがコートについている。
(6) 腰とネットの角度は水平から45°の間である。
(7) ラケットを持つ手の肘が20°以上曲がっていない。
(8) ラケットのリム（ふち）が反対側のコートに真っ直ぐに向いている。
(9) ラケットは腰より高い位置にある。
(10) ラケットヘッドが手首よりも高い位置にある。
(11) ラケット面がコートと垂直になっている。

　課題分析したリストをもとに学び手の行動を観察し、チェックすれば、何ができていて、何ができていないか、何を教えなくてはならなくて、何は教えなくてもいいか明確になる。アリソンとアイロンも上のチェックリストを使ってトレーニングを行い、ストロークとサーブ

をうまく教えることができた。

　課題分析は、その課題を習得している人（エキスパート）の行動を観察して、どのような行動がどのような順序で行われているかを記録していくと進めやすい。
　その課題を習得していない人（ビギナー）の行動もあわせて観察して比較すれば、ビギナーとエキスパートでどこが違うのか、どこを教えるべきなのかが分かってくる。さらに複数のエキスパートの行動を観察すれば、ある人に特定の行動とその課題の遂行にどうしても必要な行動とを見分けることもできる。
　98ページのイラストのように、エキスパートに共通の行動からビギナーの行動を引いた残りが、標的行動として教える対象になるのだ。

　ひとつの課題をどこまで細かく分解すべきかは、学び手次第になる。学び手がすでにできる行動をさらに細かく分解しても無意味だが、できない行動は分解すればするほど、指導法を考えつくヒントになる。

!! 注記 !!

　Allison, M. G., & Ayllon, T. (1980) Behavioral coaching in the development of skills in football, gymnastics, and tennis. Journal of Applied Behavior Analysis, 13 , 297-314.
　ただし、現在のテニスはラケットの進化などにより理想的なフォームが大きく変わっているので要注意。インストラクショナルデザインの考え方を活かしたスポーツ指導については『コーチング 人を育てる心理学』（武田建 著、誠信書房）に詳しい。

考えてみよう！

　課題分析の練習のため「ペットボトルのお茶をコップについで飲む」という課題を分析してみましょう。学び手は特に想定しませんが、できる限り細かく分解して下さい。テーブルの上にペットボトルとコップが置いてあるところから始めましょう。

>>> 正解例は 165 ページに >>>

仕事のコツ　専門家とコラボレートする

　課題分析はその道の専門家によってすでに行われていることも多い。テニスなどスポーツに関しては、フォームのチェックポイントを解説した本が多数出版されている。看護士や理学療法士など、ヒューマンサービスの専門職の場合にも、その仕事のやり方が詳しく決められていることが多い。
　このような資料を探して、できるだけ利用することで、インストラクションをつくる手間を軽減できる。自分にとっては専門外のインストラクションをつくることも可能である。実際に企業などでは、教える内容の専門家（「コンテンツエキスパート」という）と教える方法の専門家（「インストラクショナルデザイナー」）が協同で仕事をすることが多いのだ。教える内容の専門家ではなくても、それを教える方法はデザインできることを覚えておこう。

インストラクションのデザイン

ステップ4 何を教えるか明らかにする: 職務分析
－ 仕事に必要な知識や技能を書き出そう －

　企業などでは職種ごとに期待されている仕事がある。そうした仕事の遂行に必要な知識や技能を、課題分析によって明らかにできる。これを《職務分析》と呼ぶことがある。
　職務分析をすれば、その職種に必要な知識や技能がリストアップされるので、採用や人事考課の基準になるし、研修計画にも役立つ。

　パソコンのカスタマーサポート担当者の仕事を例に職務分析してみよう。エキスパートの横に座り、顧客から電話がかかってきたときに、彼らがどんな対応をしているか記録していく。

　この分析がテニスのサーブほど単純ではないことがすぐに分かるはずだ。顧客からの質問はいつも違うし、サポート担当者の対応に対する反応も千差万別のはずである。

　したがって、この場合には、一連の行動を細かく分解するより、よくある質問や感情的なクレームなど、問題が生じそうな状況と、各々に対処する行動のリストをつくって、それに必要な知識や技能を書き出していく作業の方が効率的だろう。

　次のページに一例を示そう。ここでは《動機づけ》の要因は検討せず、インストラクションによって解決される《知識》と《技能》だけを考えた。

顧客の行動	担当者の行動	知 識	技 能
電話がつながったとたんに文句を言う。	「申し訳けございません」など、まずは丁寧に受け答える。	初めに何を言うべきか、どんな話し方をすべきか、どんな話し方をすると顧客が安心し、満足するか、それとも怒るのか、などを知っている。	知っていることを実行できる。

顧客の行動	担当者の行動	知 識	技 能
技術的に難しい質問をする。	「申し訳けございません。今お調べ致しますので、しばらくお待ち下さい」などと答え、迅速に調べる。	ハードウエアやソフトウエアに関する知識がある[ここはより詳細に分析する必要あり]。資料やマニュアルのどこを見れば回答できるか知っている。	顧客に分かりやすく説明できる。よくある質問と正解例のデータベースを素早く使うことができる。

　こうした職務分析をしておけば新任研修もしやすいし、顧客からのクレームや満足度の評価をもとにサービスも改善していける。クレームがあった対応を改善し、満足度を高めた対応を優先的にすべての担当者に研修すればよいからだ。

担当者に必要な知識や技術のすべてを初めから分析することは労力がかかりすぎて現実的ではないかもしれない。そのときには、顧客からのクレームが少なく満足度が高い優秀な担当者とその逆の担当者の行動を比較して、最も顧客満足に直結しそうなギャップを探す。

できるだけ小さな改善で、できるだけ大きな成果を上げそうなところを優先し、ピンポイント作戦を展開するのが成功への近道である。

仕事のコツ　損得勘定を忘れずに

職務分析の例から分かるように、インストラクションはつくるにも、実施するにもコスト（人と金）がかかる。投入したコスト以上の成果がなければ、インストラクションの赤字経営になってしまう。

日本では多くの企業が従業員の研修やトレーニングに手間と時間とお金をかけてきた。ところが、そうした研修やトレーニングを、利益を上げるための戦略として位置づけていた企業はごく稀である。研修を担当する部署（多くは人事部系）と経営を担当する部署が縦割りされてしまって連携しにくい会社が多いせいだ。

不況になると、企業では研修費を大幅に削減する傾向にあるが、本来なら、こんなときにこそ、企業の力を確実につけるための研修システムが見直されるべきだろう。

公教育はと言うと、そこには「コスト」などという言葉を口にしようものなら、つまはじきにされるような文化がいまだに残っている。そもそも学校は税金を投入して、将来のわが国を担う人材を育成する機関のはずだ。できるだけ小さな努力で、できるだけ大きな成果を上げてもらわないと税金の無駄遣いになるのだが……。

インストラクショナルデザインの考え方を使って、企業でも学校でも、教えること・学ぶことの損得勘定を見直そう。

インストラクションのデザイン

ステップ5 何を教えるか明らかにする: 課題分析 (2)
－ 抽象的な表現を具体的な行動に書き下そう －

　『自分の頭で考え行動できること』『思いやりの心を持つこと』『明るくすこやかに』…. などなど。子どもをどのように育てたいかという目標を**《教育理念》**として打ち出している学校も多い。

　組織の目的を共通の方針として文章化しておくことは学校だけでなく、どんな組織運営にとっても重要だ。ただし、いくら立派な理念やビジョンを掲げても、それを実現するシステムがない限り、単なるお題目になってしまう。

　課題分析は**《教育理念》**を実現するシステムを整えるためにも役立てられる。抽象的に表現された**《教育理念》**を具体的な行動例として書き出してみるのだ。

　たとえば、『自分の頭で考え行動できること』とは、どんな行動だろう？　子どもがどんな行動をしたときに、この子は自分の頭で考えられるようになったと判断するのだろう？　逆に、どんな行動は自分の頭で考えていない行動とみなすのだろうか？

考えてみよう！

　次の各行動が『自分の頭で考え行動できること』とみなせるかどうか考えて下さい。

- 授業中、生徒が突然立ち上がった。「どうした？」と聞くと、「思いついたことがあるので図書室で調べたい」と答えた。
- 校則では髪の毛を染めることが禁止されているが、「自分を表現したいから」と言って、染める生徒がいる。
- 教師が職員室でタバコを吸っていたら、「タバコは周囲の人の健康に悪影響を与えます。やめて下さい」と生徒のひとりに言われた。
- 夏休みが終わり、9月になってから、優等生だったA君が校内であまり評判のよくないグループと一緒に行動するようになった。「どうしたんだ？」と聞いたら、「こうしていればいじめられずにすむから」と答えた。

　この課題には正解がない。読者の皆さまに気づいていただきたいのは、理念を抽象的な表現にとどめておくと、こうした判断がすべてひとり一人の教師任せになってしまうことである。理念の解釈が違えば、教師によって、あるいは同じ教師でも時と場所が変われば、子どもへの対応が異なることになる。対応が異なれば子どもは混乱する。混乱した状況では学びは起こりにくい。

　まずは複数の教師で理念の解釈について話し合ってみよう。話し合いの目的を確認してから始めること。つまり、具体的な指導場面での児童・生徒への対応を教師間で、そして学校全体で一貫させることである。
　具体的には、話し合いによって、児童・生徒が、どんな場面で、どんな行動をしたときに、どんな対応をするかという表をつくってみよう。ちなみに、この手法はここ数年の間に米国の学校で取り入れられ、子どもが学校で引き起こす問題行動を減らすのに効果があることが分かってきている(注1)。

仕事のコツ 合意のための議論に徹すること

　理念の解釈を何人かで議論すると、自分の解釈を主張しようとして、相手を言い負かすことに専念する人が出てくる。ずっと黙っていて、話がまとまりそうになったとき初めて「私は反対です」という人もいる。
　妥協せずに徹底的に議論することも、お互いの意見の相違を認識して尊重し合う限り大切である。しかし、プロの教え手として、学びにコミットするならば、学び手の側に立ち、学習しやすい環境を整えるために**《合意のための議論》**に徹するべきである。
　そのためには、話し合いの目標と基本的なルール（自分の意見を言う。人の意見を聞く。反対するときには対案を出すなど）と目標（表を完成させる）を最初に決めておこう。そして司会者を決めて、ルール違反の発言には注意を促すようにしてみよう。

　『自分の頭で考え行動できること』を各教科の指導目標に含めることもできる。最近、学校には総合的な学習の時間という枠組みが導入されているが、何もそれにとらわれる必要はない。通常の教科場面で、この抽象的な表現をどのように具体化できるか考えればよいのだ。
　たとえば、小学5年生の音楽の時間なら、次のような行動が考えられる。

・歌詞を読んで、明るい－暗い、激しい－静かな、楽しい－悲しいなどを自分で判断する。
・歌詞の判断に即して歌い方（声の大きさ、高さなど）を変える。
・教師の最低限の指示に従って（例：「今日は合奏しましょう。さぁ、準備して！」）、自分たちの判断で楽器や席を用意する。

　目標をここまで具体的に書き下せば、教えるべきことを教えられた

かどうかの判断も客観的にできるようになる。評価によって、インストラクションを改善していくことも可能になる。

考えてみよう！

　抽象的な表現を具体的な行動として書き下す作業に熟練するには、かなりの練習が必要です。下の例題に取り組んでみて下さい。正解例は解釈のひとつとみなして、どこまで具体的に書き下せばいいのか勘をつかむための目安にして下さい。

- 「自分なりの興味を持つ」とは？
- 「相手の気持ちを理解する」とは？
- 「会議で自分の意見を言う」とは？

>>> 正解例は165ページに >>>

!! 注記 !!

　行動分析学をベースに学校全体で問題行動に取り組むアプローチが注目を集めている。米国の教育省は「問題行動へのポジティブな介入と支援のためのセンター」（Center on Positive　Behavioral Interventions & Supports）を設置し、研究や学校へのコンサルテーションを行っている。詳しくはHP（http://www.pbis.org）あるいはコラボネット（http://rcse.naruto-u.ac.jp）での紹介を参照されたい。

インストラクションのデザイン

ステップ6 学び手のプロフィールを書く

　学び手がいなければインストラクションは成立しない。ところが、学び手に関する情報をほとんど活用していない教え手も多い。

　学び手の情報を事前にできるだけ集めて、それに基づいてデザインすることで、インストラクションの性能を高めよう。

　どんな情報が役に立つかはインストラクションによって異なる。ケースバイケースだ。以下、一般的に、役に立つことの多い項目をいくつかあげた。これらをヒントにして、あなたのインストラクションに適した**《学び手のプロフィール》**をつくってほしい。

学び手のプロフィール

・年齢
・性別
・職業
・学歴や職歴
・参加の理由や目的
・教える／学ぶ内容に関する興味や関心
・教える／学ぶ内容以外のことに関する興味や関心
・基礎的な学力（読み・書き・計算・コミュニケーションスキルなど）
・パソコンやメール、ネットの利用に関するスキル
・特別な支援や配慮の必要性（視覚・聴覚・その他の障害など）

私は、いろいろな学び手に心理学を教えている。高校を卒業したばかりの大学生、企業でばりばりに働いている社会人、学校の先生、主婦に教えることもある。

　まったく同じこと（たとえば、行動分析学という心理学をどうやって日常の問題解決に応用していくか）を教える授業でも、学び手の興味や関心によって、教材や教え方をカスタマイズするように心がけている。たとえば、大学生には、ダイエットやウェイトトレーニングなどに関するセルフマネジメント、社会人には部下のマネジメント、先生には学校で使える指導法というように、ネタを変えて講義をする。

　また、社会人対象の講習会などでは参加者同士で話し合う時間をつくると喜ばれることが多いが、最近の学生ではいきなりこの方法を使うと、だまりこんでしまう参加者もいるので注意が必要になる。

　さらに、学生には評価基準さえしっかり設定すれば、成績（単位）が授業参加の動機づけシステムとして有効に機能する。しかし、単位のためではなく、実践的な知識や問題解決方法を求めて参加している社会人には、そうした参加の動機づけに即した評価の仕組みが適している。

　インストラクションをデザインしていく上で、前ページにあげた項目より、もっと重要なのは、教えようとしていること－すなわちインストラクションの目的に関して、学び手が何をどのくらい習得しているかに関する情報である。これに関しては、以下、インストラクションの目的を特定するステップと平行して進めよう。

インストラクションのデザイン

ステップ7 どこからどこまで教えるのかを決める (1)
－ 事後テストをつくろう －

　誰に何を教えるのか決まったら、どこからどこまでを教えるのか、インストラクションの範囲を決めよう。
　そのためには、まず、授業や講習会やレッスンが終了した時点で、学び手に習得していて欲しい標的行動を書き出そう。これにはステップ3でやった課題分析が役に立つはずだ。

　「標的行動を書き出せ」と言われてもピンとこない人は、授業で最後に成績をつけるためにする《テスト》をイメージするとよい。期末テストや卒業試験のようなものだ。

テストというと、入学試験や採用試験のように、合格・不合格を決めたり、誰かを選抜するための方法と思われがちだが、実は、インストラクションの改善にとって絶対に欠かせないものなのだ。テストは学び手のパフォーマンスだけでなく、教えるべきことがどれだけ教えられたかを測ることで、教え手のパフォーマンスを測るからだ。

　私は学校の先生たちに、期末テストの問題はテストの前日ではなく、学期が始まってすぐにつくることをお奨めしている。期末テストの問題をつくってみれば、自分が何をどれだけ教えなければならないかがはっきりするからだ。

　しかも、期末テストをつくってみればすぐに分かるように、教えようとしていることをすべてテストするには1時間ちょっとの時間ではすまない量になる。インストラクションを改善していくために、また、テストの結果を学び手にも有効利用してもらうには、学期の最後の1回だけのテストでは不十分であることもおのずと分かってくるはずだ。

　ここでは話を分かりやすくするために、足し算を教えるインストラクションを例に考えよう。足し算が教えられたかどうかを知るための事後テストには、どんな問題が必要だろうか？

次のような問題はすぐに思い浮かぶだろう。

例-1：数式によるテスト

3 + 2 =
9 + 4 =
7 + 8 =
13 + 39 =
6 + 12 + 7 =

あるいは数字を用いずに、下のような図を使った足し算を考えつく人もいるかもしれない。

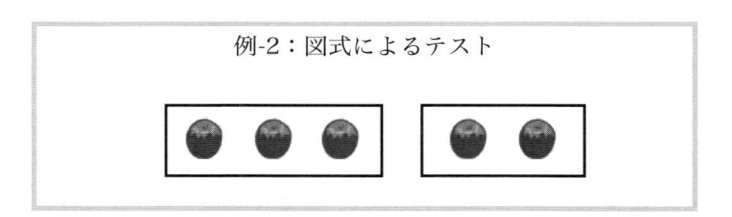

例-2：図式によるテスト

🔴 🔴 🔴　　🔴 🔴

次のような文章題も思い浮かぶかもしれない。

例-3：文章題によるテスト

リンゴが３つありました。たろうくんがリンゴを２つもってきました。ぜんぶでいくつになったでしょう？

いずれも「足し算」の事後テストとしてふさわしいが、それぞれ異なる標的行動を含んでいる。例-1 では数字や数式の知識や技能が必要になるし、例-2 には図の理解や数える技能、例-3 では文章理解が必要になる。

　どれも間違いではないし、どれも「足し算」の評価には必要であろう。ここでは話を単純にするために例-1 だけをさらに詳細に分析してみよう。

　例-1 のような数式の問題を考えると、足し算といっても、1 桁か／2 桁以上か、繰り上がりがあるか／ないか、項目は 2 つか／3 つ以上かなど、いくつかの条件があることが分かる。最終的にはすべてを教えるとしても、あなたのインストラクション（たとえば、小学校 1 年生の算数の時間）ではどこまでを教えるか、その範囲をしっかり決めておかなくてはいけない。

　ここでは、1 桁の数字で、繰り上がりのある、2 項目の足し算の数式に答えられることを標的行動としよう。実は、こうすると、1 から 9 の数字を組み合わせると、36 問しかない。これらをすべて丸暗記してしまえば、この課題はこなせるようになってしまう。もちろん、それだけでは「足し算」を理解できたことにはならないと考えて、文章題をやらせたり、図から数式をつくらせたりするのである。

　「足し算」の《理解》を評価するもうひとつの方法は、インストラクションで使う問題（授業や練習問題で使う問題）と事後テストで使う問題を分けてしまう方法である。たとえば、授業で 3+5 や 8+13 は使うが、5+4 や 6+16 はテストにとっておく。テストで両方の問題を実施し、前者のみ正答するようであれば、単に問題と答えを暗記しただけということになる（それに価値がないわけではないが）。後者の問題にも正解できるようなら、インストラクションは練習問題の暗記

以上のことを教えたことになる。

考えてみよう！

　さて、次のようなテスト問題は、上で想定した標的行動の評価にとって不十分です。どうしてでしょうか？

> 3 + 5 =
> 7 + 2 =
> 1 + 4 =

>>> **正解例は 166 ページに** >>>

このように、事後テストを作成することで、インストラクションの**《守備範囲》**とする標的行動を絞り込むことができる。「足し算」の指導はまだまだ続いていく。その意味では**《終着点》**はまだまだ先である。

　事後テストによって、あなたのインストラクションではここまで責任を持って教えますという、学びへのコミットメントを示すのである。

インストラクションの守備範囲

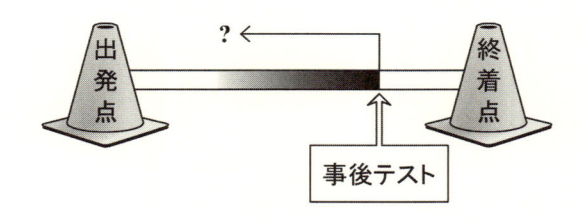

　上の図はインストラクションの守備範囲を示している。事後テストによって「どこまで教えるか」は設定できた。次のステップは「どこから教えるか」を決めることになる。

インストラクションのデザイン

ステップ8　どこからどこまで教えるのかを決める (2)
－ 標的行動までの道のりを書き出そう －

　事後テストをつくって標的行動を絞り込んだら、次に、標的行動までの《道のり》を書き出してみよう。ある行動を教えるためには、その前にできていなくてはならない行動がある。道のりを書き出すときには、そうした行動の習得順序を標的行動から逆にたどっていく。

　1桁の足し算の場合、たとえば「3＋4＝」という問題に丸暗記ではなく答えられるように教えるためには、その前に、次のような行動が習得されていなければならない。

［数字が読める］
　例：「3」と書いてあるのを見て、「さん」と読む。
　便宜上、ここではこれを「3」→「さん」と書くことにしよう。

［数字が書ける］
　例：「さん」と聞いて、「3」と書く。
　同じように、ここではこれを「さん」→「3」と書く。

［数式が読める］
　例：記号を見て、読む。
　「＋」→「たす」、「＝」→「は」。

［数字と数（かず）を一致させられる］
　例：りんごが3つあるのを見て、「さん」と言う。
　ここではこれを「○○○」→「3」と書く。

ある行動を教えるために、その前にできていなくてはならない行動を**《下位行動》**と呼ぶ。教えようとしている行動は**《上位行動》**と呼ばれる。標的行動への道のりを書き出す作業は、上位行動に必要な下位行動を書き下していく作業になる。

　下位行動を書き出したら、必要に応じて、今度はそれらを上位行動として、さらに下位行動を書き出していく。

上位行動［数字が書ける］：「さん」→「3」
　↓↑
下位行動：
・鉛筆を適切に持てる。
・見本を見て、同じように書き写せる（「3」→「3」）。

上位行動［数字と数を一致させられる］：「○○○」→「3」
　↓↑
下位行動：
・物の数が数えられる（「○○○」→「いち、に、さん」）。
・数をつくれる（「3個ちょうだい」→りんごを3個わたす）。

　下位行動は机上で論理的に書き出せる場合もある。ステップ3で紹介したテニスの課題分析を思い出してほしい。フォアハンドストローク（上位行動）を教える前には、ラケットが適切に握れること（下位行動）を確認しておかなければならない。これは頭で考えれば分かる例だ。

上位行動を教えるのに本当に下位行動が必要なのか、教えてみないと分からない場合もある。たとえば、前のページでは「数字と数を一致させられる」の下位行動として「数をつくれる」をあげたが、もしかしたらこの行動を習得していなくても、数字と数の一致は教えることができるかもしれない。

考えてみよう！

次の行動を上位行動として、下位行動をいくつか書き出してみよう。

・アナログの時計を見て時刻を言う。
・自由形で泳ぐ。

>>> 正解例は 167 ページに >>>

仕事のコツ **すべてを自分で最初からしないこと**

　読み書き算術など、いわゆる基礎的な学力に関しては、行動の習得順位の分析が発達心理学からも教育心理学からもなされている。
　発達心理学は子どもが成長していく過程でどのような順序で学習が進むかを主に観察によって整理している。教育心理学では主にどの順序で教えたら教えやすいかという観点から研究を蓄積してきた。

　残念ながら、こうした研究成果は専門的すぎて、一般には入手しにくい。学術的な文献を読んでも、それを自分のインストラクションに活かすには複雑すぎることもあるだろう。

　しかし、すでにある情報を使わない手はない。ただでさえインスト

ラクションの開発には時間や手間がかかる。インストラクションの《再利用》を忘れず、少しでも楽をしよう。

　英語には "Do not re-invent the wheel" という言い回しがある。クルマをつくるのに車輪から新しくつくるなというのがもともとの意味だと思うが、教材でも教育方法でも、教育界にはこの手のことが多い。日本風に表現すれば、「この道はいつか来た道」というところだろうか。すでに分かっている知見を最大限に活かして、新たな知見を生み出していくこと....　それが《再利用》を活用したインストラクションづくりになる。

　上位行動から下位行動を書き出す作業だけでなく、インストラクションをつくるすべての過程で、使えるものはすべて使うという意気込みを持っていただきたい。

インストラクションのデザイン

ステップ9　どこからどこまで教えるのかを決める (3)
－ 事前テストをつくろう －

　下位行動を書き出す作業は、学び手のプロフィールを見ながら進める。標的行動に関して、学び手がすでに学習している行動まで書き出せたら、そこがあなたのインストラクションの開始点になる。守備範囲の**《ここから》**が決まったことになる。

　インストラクションの終了点で**《事後テスト》**を行うように、開始点で行う**《事前テスト》**もつくってみよう。

インストラクションの守備範囲

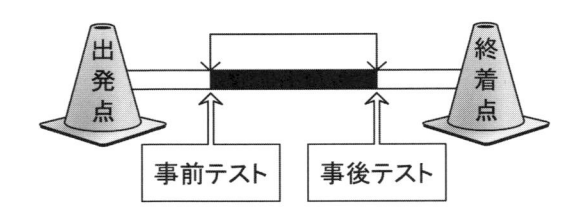

　事前テストには事後テストで出題する問題も入れること。両者の点数を比べることで、学び手が教えようとしたことを学んだかどうかを確認できる。

事前テストの点数が高ければ、その教え手にとってあなたのインストラクションはほとんど意味がないことになる。すでに学習ずみのことを教える時間を省いて、代わりに、学び手にとってまだ学習していない他のことを教えるのに時間がさけるようになる。

　事前テストには、標的行動の下位行動で、あなたのインストラクションでは教えない行動も含めよう。特に、出発点の前後、境界線付近の行動を含めよう。そうすることで、あなたのインストラクションの守備範囲ではないが、インストラクションによって学ぶためには必要な下位行動が獲得されているかどうかを調べることができる。

事前テストで確認すること

・先習行動がすでに学習されていること。
・標的行動がまだ学習されていないこと。

　標的行動を学ぶのに必要な下位行動を《**先習行動**》と呼ぶことにする。英語では《**prerequisites**》と言う。米国の大学では《**先習行動**》が事前に履修しておかなくてはならない授業として厳しく決められているコースが多い。たとえば、「教育心理学実習」は「教育心理学演習」をB+以上で習得した学生のみ履修可能で、「教育心理学演習」は「教育心理学概論」をB+以上で習得した学生のみ履修可能であるというように。残念ながらこうしたデザインでカリキュラムをつくっている日本の大学は少ないようだ。

　義務教育もしかりである。ようやく習得度別の学級編成をする小中学校が増えてきたが、能力別でクラス分けしても、各クラスで教える内容や方法が同じなら問題は解決しない。よくよく考えてみれば、先習行動の習得度がばらばらの学び手に対して、一斉授業によって、そ

れ以上の標的行動を教えるのは不可能に近い仕事なのだ。

　それでは、事前テストの結果、先習行動が未学習であると分かったらどうすればいいだろうか？

　まずはどうすれば先習行動を学習できるか、別のインストラクションの情報を学び手に伝えて、それを習得してから戻ってくるように指示をする。米国の大学の例はこれにあたる。
　足し算を教える前に数字の読み書きを確実にする補習授業などがあれば、それに参加するように指示する。補習や補講は、私の子どもの頃は宿題を忘れたり、授業中に騒いだりした子どもへの罰則のようなイメージがあったが、うまく使えば、先習行動の修得度のばらつきに対処できるはずだ。
　あなたのインストラクションの対象者のほとんどが先習行動をマスターしていなければ、その場合にはもちろんインストラクションの範囲を再検討し、出発点を下げることを検討すべきである。

　事前テストも事後テストも、テストをすること自体が目的ではない。あくまでもインストラクションを改善するための手段にすぎないことを忘れないように。

考えてみよう！

　ステップ8 では足し算の下位行動を分析しました。足し算を教える前には数字が読み書きできなければならないし、事物の数を数えられなければなりません。これらの下位行動が学習されていないと、足し算のインストラクションを受けてもちんぷんかんぷんになってしまうでしょう。

ここでは、**《事前テスト》**と**《事後テスト》**、そしてインストラクションの例題や練習に使えそうな問題をいくつか書き出しました。空欄になっているところ（**?**マークの欄）をよく考えて、問題作成を完了して下さい（斜め線はテストはしないという意味です）。

問題の種類	事前テスト	インストラクション（練習）	事後テスト
先習行動	?	—	—
標的行動（練習）	3+4= 2+2= 2+6= 7+1=	3+4= 2+2= 2+6= 7+1= など	?
標的行動（応用）	2+1= 3+3= 4+2= 5+2=	?	?

>>> 正解例は 167 ページに >>>

インストラクションのデザイン

ステップ10 教える内容を分析する RULEG Part1

標的行動が決まったら、標的行動を教えるための教材をそろえるために、《RULEG》（ルーレグ）と呼ばれる手法を使ってみよう。

RULEGはインストラクショナルデザインの先駆者たちが1960年代に編み出した考え方で、比較的複雑な内容を整理して正確に教えるのに役立つ。その効果が数多くの研究で実証されている方法でもある。

RULEGの適用範囲はとても広い。ここではいくつか例を上げて、RULEGの考え方を紹介していくが、ひとつ一つの例にはあまりとらわれず、ご自分のインストラクションにはどのように応用できるかを常に考えながら読み進めていただきたい。

RULEGの最初のステップは教えようとする概念や法則を定義することである。

「果物」の概念を教えるインストラクションを考えてみよう。次のような標的行動を想定する。

「果物」の概念が理解できたということは

- 「果物」の定義を言える。
- 「果物」に属する食物をみたら「果物」と言える。
- 「果物」に属さない食物をみたら「果物ではない」と言える。
- 「果物」に属する食物をいくつかあげることができる。

《概念》とは、いくつかの属性を共有する事象の集まりにつけられる名前である。モモもミカンもバナナも「果物」の特性を共有している食物で、これらを総称して「果物」という名前がついている。概念には実体がない。だから教えるのも難しい。

　「果物に属する食物」という回りくどい言い方をしたが、これをここでは《例》と呼ぶことにする。ミカンもバナナも「果物」の「例」になる。これに対して「果物に属さない植物」という回りくどい言い方は《例外》と呼ぶことにする。ナスもキュウリも「果物」の「例外」になる。

　概念は下のように「ベン図」を使って書き表すことができる。
　概念を《定義》するということは、果物の集合の中と外を、文章による説明で分けられるようにすることである。例と例外の境界線を引く‥‥　これが定義の役割なのだ。

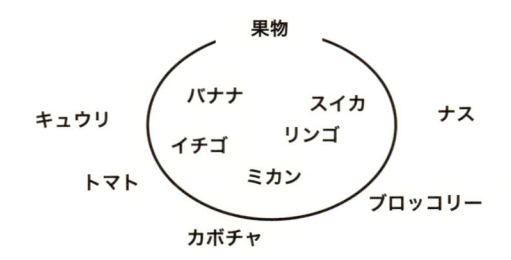

```
                  果物
          ┌─────────────┐
          │  バナナ    スイカ │
  キュウリ │          リンゴ │  ナス
          │  イチゴ         │
          │       ミカン    │
          └─────────────┘  ブロッコリー
   トマト
               カボチャ
```

　「果物」は定義するのが意外に難しい概念である。岩波国語辞典第六版には「食用となり、水けの多い、草木の実」と定義されているが、これだとキュウリやトマトも果物になってしまう。また、あまり知られていないが、行政的には「果物は多年生の木になる実」「野菜は一年生か二年生の草になる」と定義されているので、スイカやイチゴは「野菜」に分類されることになる。

「果物」や「野菜」のような日常的な概念には、このような曖昧なものが多い。もともと、科学的に定義されているわけではなく、いわば自然発生的に形成された概念だからだ。
　教えようとしている概念がこのように曖昧なときには、できるだけ客観的な定義をつくることが必要になる[注1]。「果物」は果物屋に売っているもので「野菜」は八百屋に売っているものと定義することもできるが、それでは教える方法を考える演習としては面白くないので、ここでは敢えて本書なりの定義をつくってみよう。曖昧な概念を教えるときに、どうすれば分かりやすい定義が書けるかを学んでほしい。

　《概念》とはいくつかの属性を共有する事象の集まりにつけられる名前であるとしたが、概念は《必須属性》と《変動属性》の両方によって定義できる。必須属性とはその概念の例が共有している属性、変動属性とは概念の例の中で個体差や個人差がある条件である。

　岩波国語辞典の3つの属性に、本書独自の属性をひとつ加えて、「果物」の必須属性を書き出すと、次のようになる。

　「果物」とは……
　①草木の実で
　②水分を多く含んでいて
　③糖分を多く含んでいて
　④食べられるもの

　②や③について含有水分量や含有糖分量をXX％以上と決めれば、この定義はより客観的になる。

　必須属性がひとつでも欠ければその概念ではなくなってしまう。ナスやキュウリは、草木の実で（①）水分を多く含んでいて（②）食べられるが（④）、糖分量が少ないので（③）「果物」ではない。スイ

カやイチゴは4つの必須条件をすべて満たすので「果物」となる。

　満たされた必須条件が少ないほど概念から遠く離れた例外になっていき、満たされていない必須条件が少ないほど概念に近く、間違えやすい例外になる。遠い例外は間違えにくいが、近い例外は間違えやすいので、教えるときには注意が必要になる。

考えてみよう！

　以下のそれぞれについて、上で決めた「果物」の定義をどれだけ満たすか判断しよう（下の表の各欄に○か×を書き込んで下さい）。

	豆腐	ケーキ	牛肉	キャベツ
①草木の実で				
②水分を多く含んでいて				
③糖分を多く含んでいて				
④食べられること				

>>> 正解例は169ページに >>>

「果物」の変動属性には、色、形、大きさ、味などが上げられる。変動属性によって概念の例に個体差や個人差が生まれてくる。色は赤も黄色もある。形は球体状もあれば紡錘体もある。味には酸味が強いものも弱いものもある。

　概念を教えるときに重要なのが教材として使う例と例外の選択である。たとえば、果物と野菜を区別させるのに、次の問題だけを使うのは望ましくない。なぜか？

果　物	野　菜
イチゴ	キャベツ
スイカ	キュウリ
リンゴ	ピーマン

　これらの例を分類させる練習をした後でトマトを見せたら「果物」、洋なしを見せたら「野菜」と間違って判断しまう可能性がある。なぜなら、「色」の変動属性が偏ってしまっていて「赤っぽいもの」は果物、「緑っぽいもの」は野菜と間違って学習される危険性があるからだ。

　鉄則12 「学び手は常に正しい」を思い出してほしい。上のような教材を使って教えたときに学び手が間違うことが、まさに「正しい」反応なのだ。学び手は間違うべくして間違えている。なぜならインストラクションがそうなっているから。

　学び手が誤学習したと分かったときには、インストラクションを見直すことで、上のようなデザイン上の改善点を発見できるはずなのだ。

> !! 注記 !!
>
> 　言葉で定義するのが難しい概念を、定義を使わずに、例と例外の区別ができるように教えることもできる。ハトに「ヒト」や印象派の絵画を教えることもできるくらいだ（杉山ら,1998）。このためには、例と例外を多数用意して、その区別を練習していく。私たちが、子どもの頃から自然に学んだ概念には、このように学習したものが実は多い。

インストラクションのデザイン

ステップ11　説明のための教材を用意する RULEG Part2

　教えようとする概念を必須属性と変動属性として定義して、それをもとに例と例外をつくると、インストラクションで使う教材ができあがる。

　まず定義を説明し、それにあてはまる例とあてはまらない例外をいくつか示してから、例と例外を区別する練習問題を出すといい。

　ここでは、定義が理解しやすく、誤学習しないように説明するための例と例外の組み合わせ方を解説しよう。

　変動属性が共通で、必須属性がひとつだけ異なる例と例外を組み合わせるようにデザインすると、少ない数の例と例外で概念の輪郭を示すことができる。こうした組み合わせを《最小差異例》と呼ぶ。

　概念の中には、こうした組み合わせをしようにも、うまくあてはまる例が存在しないこともある（たとえば、果物と野菜のように）。そこで、基本的な考え方を理解していただくためにまずは単純な例で解説しよう。

　「三角形」と「四角形」の違いを教える教材を考えよう。それぞれの必須属性と変動属性は以下のようにまとめられる。

	「三角形」	「四角形」
必須属性	・3本の線で ・閉じた図形	・4本の線で ・閉じた図形
変動属性	・大きさ（大・小） ・色（白・黒）	

　変動属性は他にも考えられる（正三角形／菱形などの形や正立／倒立などの配置）。属性ごとに値も増やせる（大きさや色のバリエーションなど）。さらに、「三角形」でも「四角形」でもない図形（閉じていない図形や曲線による図形、5角以上の多角形など）も教材に入れることができる。だが、ここでは話を単純化して、上の表に書き出した属性のみで教材に使える例と例外をつくってみよう。

　次の(1)〜(6)のうち最小差異例にあたるのはどの組だろうか？（複数あり）

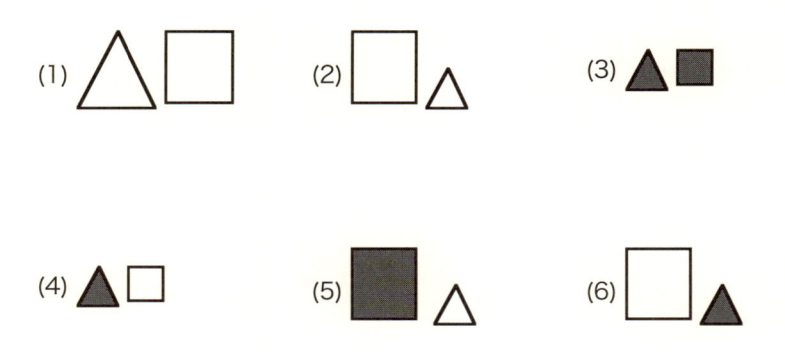

最小差異例は必須属性がひとつだけ異なる例と例外の組み合わせだから、組同士では他の必須属性と変動属性は同一でなければならない。(2)や(4)は変動属性のひとつが、(5)と(6)は2つが異なっているので、最小差異例ではない。正解は(1)と(3)になる。

　極端な言い方をすれば、もし、(2)(5)(6)を使って三角形と四角形の区別を教えたら、大きい図形が四角形で小さい図形が三角形と誤学習してしまう可能性があるということだ。

考えてみよう！

- 上の例で、残る最小差異例をすべて書き出して下さい。
- 上の例で(4)と(6)のみを教材として使ったら、どんな誤学習が生じる可能性がありますか？

>>> 正解例は169ページに >>>

　最小差異例だけで概念を教えられるわけではないので要注意。あくまでも、概念の輪郭を示すための最小限の材料と考えていただきたい。例と例外の組み合わせをいくつ用意すれば概念が教えられるかは、実際に教えながら、事後テストの成績を参考に調整していく。最小差異例だけですむ場合もあれば、概念に近い例外や遠い例外も含めて、大量の組み合わせを使わないと、応用問題まで正解できない内容もある。

話を果物の例に戻そう。最小差異例の考え方を応用して教材を組み立ててみる。

　RULEGでは、まず最初に概念の定義を示す。

> 「果物」は、草木の実で、水分と糖分を多く含んでいて、食べられるものをさします。

　「果物」と「野菜」では完全な最小差異例はつくれない。スイカのような大きさや色の草木の実で水分を含んでいて食べられるが、糖分が低い食物はみあたらないからだ。だが、最小差異例の考え方にそって、説明したい属性以外はできるだけそろえた例外と組にして示すことはできる。

> たとえば「スイカ」は果物ですが、同じように畑になる「カボチャ」は、スイカのように糖分を多く含んでいないので「野菜」に分類します。同じ理由で「イチゴ」は果物ですが「トマト」は野菜に分類します。
>
> | 果　物 | 野　菜 |
> |---|---|
> | スイカ
イチゴ | カボチャ
トマト |

　教材をこのように組み立てれば、概念の区別とは無関係な変動属性で誤って学習してしまうことを回避できるのだ。

インストラクションのデザイン

ステップ12　練習のための教材を用意する RULEG Part3

　RULEGの3つ目のステップは練習である。概念の定義を示し、できるだけ最小差異例を使って概念の輪郭を示したら、他の例を使って練習させよう。

　講義で定義と例を示したら、演習として例題を出題してもいいだろうし、プリントを使って自己学習させてもいいだろう。重要なのは、学び手に考えさせ、判断させる仕組みを確保することである（ 鉄則5 〜 鉄則9 を参照）。

　たとえば、前ページの説明の後で、次のようなプリントを配ったとしよう。このプリントは学び手に考えさせる仕組みを確保していると言えるだろうか？

　下の食物でどれが果物に分類されるか、これまでに説明した定義に基づいて考えなさい。

　　　ミカン　ブロッコリー　アスパラガス　ブドウ　バナナ　栗

　答え：ミカン、ブドウ、バナナ

　「考えなさい」と指示しても、問題の真下の見えるところに正解を書いてしまったら、考える機会は与えられない。学び手のほとんどが考える前に答えを読んでしまうだろう。

そこで、正解を示す前に考えさせるための何らかの工夫が必要になる。講義形式で教えていれば、少し時間をおいてから、正解を言葉で伝えてもいいだろう。プリント教材なら、考えるだけではなく、考えたことを書かせたり、正解を他のページに移すといった工夫もできる。

　下の食物でどれが果物に分類されるか、これまでに説明した定義に基づいて○をつけなさい。

　　　ミカン　ブロッコリー　アスパラガス　ブドウ　バナナ　栗

答えは裏に（○をつけ終わってから見ること!!）

　本書でも 考えてみよう！ の正解例は巻末に収録して、すぐには読めないようにしている。もちろん、こうした工夫も完璧ではない。問題が難しくなればなるほど、考えなくてはならないことが多くなればなるほど、学び手は考える前に解答を見ようとする。

　練習の効果を最大にするためには、学び手が解答を考え次第、すぐに正答を提示した方がよい（ 鉄則7 を参照）。大人数対象の講義形式で、全員に同時に出題し、同時に口頭で正答を提示する場合には、学び手によっては、考えてからずいぶん時間がたって正答を知ることになる。

ちなみに、CAI（Computer-Aided Instruction）開発の基礎になった、B. F. スキナーのティーチングマシンは、この２つの課題を解決するものであった。機械による制御によって、学び手は解答するまで正答を見ることができないし、解答をしたらその瞬間に正答を見ることができる。現在ではパソコンを使えばこうした仕組みが比較的簡単に実現できる。

　ただし、パソコンを使えばすべて解決するというわけではない。問題が難しく、いくら考えても正答できないようであれば、学び手はだんだん考えなくなっていく。間違っていると分かっていても適当に解答し、正答を見るようになる。これを回避するためには、考えれば正答できるように問題を設定することが、そもそも重要なのである。

　RULEGの手順にそって教材をつくれば、概念の定義は分かりやすく、その輪郭を示す例と例外も分かりやすくなるので、考えれば正答できるように問題もつくりやすいはずだ。
　そして、そのようにつくられた問題ならば、講義の中のやりとりでも、学び手の行動を引き出し、強化できる可能性が高くなる。

解　説

　インターネットの普及にともなって、ネットで学習プログラムを提供するeラーニングとかWBT（Web-Based Training）という用語が出回るようになった。
　インストラクションにコンピュータを使おうとするアイディアは決して新しいものではない。1950年代にB.F. スキナーという行動分析学の創始者が学習の原理を活用したティーチングマシンという装置を考案してからというもの、コンピュータや教育機器の工学的な発展によって、CAIなど、教育の自動化が進められた。

しかしながら、残念なことに、パソコンやネットワークなど、ハードウエアやソフトウエアが発展するにつれ、そもそも学習の原理を活用して、学びを最適化するというインストラクショナルデザインの考え方はおざなりにされてしまった。インストラクショナルデザインの考え方がおざなりにされれば、当然のごとく、インストラクションの効果は低下する。こうして、学びにコミットしていないプログラムが数多くつくられ、ティーチングマシンもCAIも当初の期待を大きく下回って、教育の革命には至らなかった。悪貨が良貨を駆逐してしまったのだ。現在、流行の兆しをみせているeラーニングやWBTもおそらく同じような道をたどるのではないだろうか。

　こうした流行の中でおざなりにされている鉄則のひとつが「意味ある行動を引き出す」（ 鉄則6 ）ことである。コンピュータを使ったインストラクションは、そもそも学び手から行動を引き出すのは得意なはずなのに、引き出そうとする行動には無意味なものが多い。よくある例として、マルチメディア教材などで学び手から引き出す行動は、唯一、「次へ」のボタンをクリックすることだったりする。

　インストラクションにコンピュータを使うことが悪いのではなく、学びのためのルールが活かされていないことが問題なのである。

インストラクションのデザイン

ステップ13　改善に活かせる評価をする

　評価と改善によってインストラクションの品質は確実に向上する。教えようとしたことを学び手がどれだけどのように学んだか、あるいは学ばなかったか、それはなぜかなどを分析する。そうすることで、昨日よりも今日、去年よりも今年、そして今年よりも来年と、あなたのインストラクションの品質を確実に向上させよう。
　そのためには改善に活かせる評価ができるように、どんな**《データ》**を収集するのかを初めから計画しておくことが重要だ。

　「**教育**」の業界においては**《評価》**について否定的な意見が聞かれることがある。「テストでは測りきれないようなことが教育の本質である」といった意見だ。
　私の経験からすると、こうした意見の背景を探っていくと、教えようとしていることがはっきり決まっていないか、教えようとしていることが教えられたかどうかを測る方法が技術的に未熟か、そのどちらかであることが多い。
　標的行動が決まっていなければ、当然、インストラクションの評価は困難になる。せいぜい、学び手がどう思ったかといった感想に頼らざるを得なくなる。このような評価にまったく意味がないわけではないのだが、教え手の中には「このような評価では私の教育の本質は測れない」という印象を持つ人もあらわれるだろう。

　しっかりした評価システムがなければ、インストラクションは改善できない。生物学や化学、医学や工学のように、客観的な評価システムが確立している分野では、10年どころか数年単位で技術革新が進んでいくことが珍しくないのに、こと教育界に関しては、10年どころか、

100年前と比べてもそれほど技術革新が進んではいない。たとえば、小学校の授業風景を比べてみれば明らかなように。

インストラクショナルデザインでは評価を重んじる。それも、できるだけ客観的なデータに基づいて改善していく方針をとる。

インストラクションは三段階で評価し、そのたびに改善する。第一段階ではインストラクションが教え手の意図通りに実行できるかどうかを確認する（**《開発評価》**）。第二段階ではインストラクションが意図した通りの効果を上げているかどうかを検証する（**《性能評価》**）。第三段階では動作確認がすみ、効果も確認されたインストラクションを実際に運用しながら、意図した効果が上げられているかどうか、運用上の問題がないかどうかを検討する（**《実地評価》**）。

評価の各段階には、必ずこうしなくてはならないという唯一の方法や手続きがあるわけではない。各々の目的が達成できればよい。以下、いくつか例をあげて、評価の手続きを解説しよう。

インストラクションのデザイン

ステップ14 開発評価を行う

《開発評価》の目的はインストラクションがあなたの意図通りに進むかどうかを確認することである。インストラクションに効果があるかどうかの検討は次のステップで行うことにして、ここでは手順の確認に重点をおいたテストをする。

1．テストユーザーを選ぶ

インストラクションを開発するため、本番前に行うテストを《ユーザーテスト》と呼ぶ。電気製品や自動車の新製品の開発には欠かせない過程だ。このとき、たとえば洗濯機の開発には主婦を集めて評価してもらうように、新製品の使い手となる人に協力を依頼する。これを《テストユーザー》と呼ぶ。

インストラクションの評価も同じように行う。学び手のプロフィールを満たす人を探して、テストユーザーとして依頼する。開発評価では人数は数人でよい。

テストは1回にひとりずつ行うことが望ましい。そのたびにインストラクションを修正できるからだ（ただし、学び手同士のやりとりを教えるインストラクションでは、そのための最少人数が必要になる）。

> 例：小学生低学年の子どもに交通ルールを教える講習会を開発するために、近所の子ども会から7～8人、協力してもらう。

2．事前テストと事後テストを準備する

事前テストと事後テストを実施可能な状態にしておく（ ステップ7

〜 ステップ9 を参照）。いくつかの異なる「テスト」が出てくるので混乱しないように注意しよう。

　　例：横断歩道の正しい渡り方を標的行動にして、公園で、段ボールなどで作製した模擬交差点や自動車を使って、いくつかの状況で横断歩道を渡ってもらう事前テスト・事後テストを作成した。

3．事前テスト→インストラクション→事後テスト→改善を繰り返す

　ひとり目のテストユーザーに対して事前テストを行う。事前テスト中のテストユーザーの行動を観察し、たとえば、質問の意味が分からないようなところがないかどうか確認する。このため、回答中は同席して対処できるようにすること。

　ただし、テストユーザーが質問したり、明らかに間違ったことをしない限り、手出し口出しはせずに観察を続けること。先回りして教えてしまうと、インストラクションが不十分で改善の余地があるのかどうかが分からなくなってしまうので注意する。

　インストラクションが終了したら事後テストを実施する。本来、事前テストと事後テストはインストラクションの効果を検証するために行うものであるが、開発評価においては、テスト自体が問題なく実施できるかどうかを確認し、必要な修正をするために行う。

　事後テストが終了したら、テストユーザーにインタビューする。インタビューでは、インストラクションの分かりにくかったところ、分かりやすかったところ、面白かったところ、退屈だったところなどを聞き、改善に役立ちそうな情報を収集する。

　ひとり目のテストユーザーから得られた情報を活用してインストラクションを修正する。鉄則12 「学習者はいつも正しい」を忘れずに、たとえば、インストラクションで分かりにくいという指摘があったところはそれをテストユーザーのせいにせず（「分からないのはこの人

だけだろう」などと思わずに）、素直にインストラクションの方を修正しよう。

　インストラクションを修正したら、２人目のテストユーザーに取りかかる。上と同じ順序で作業をする。ひとり目のテストユーザーによるフィードバックで改善したことで、同じような間違いや戸惑い、改善のための指摘が減っていれば、最初の改善が役に立ったことが分かる。

　このようにして、開発テストは一度にひとりのテストユーザーを対象にして行い、その結果を改善に活かして次のユーザーに移行していく。多くの場合、数人から十数人のテストユーザーに対してこうした作業を行うことで、同じような問題点は減り、ユーザーの評価は上がっていくはずである。

　教え手が意図したように、事前・事後テストを含めて、インストラクションが実施できるようになれば開発評価は終了である。

　　　例：ひとり目の子どもに事前テストをした。いくつか子どもに分からない言葉を使っていたので（「横断するときには」）改善のためのメモをした。その子どもを対象に講習会をやってみた。講師が教材提示の順番を間違えたり、子どもが退屈そうにしていたところがあったので、改善のためのメモをした。講習会を終了後、事後テストを行い、インタビューをした。事前テストと事後テストの成績を見てみると、いくつかの先習行動ができていなかったので（「歩道橋」「横断歩道」「信号無視」の意味など）、これらはインストラクションに含めることにした。インタビューからは「先生の話が長くて分かりにくかった」という意見が得られたので、話を短く区切り、その都度、子どもに練習をさせることにした。その他、改善のためのメモをとったところに関しても修正し、２人目の子どもで同じように事前テスト、インストラクション、事後テスト、インタビューを行った。これを７人の子どもに対

して行った。最後の数人では、事前・事後テスト、インストラクションのすべてが滞りなく進み、事後テストの成績もよく、インタビューでも「楽しかった」「分かりやすかった」などの意見が聞かれるようになったので、開発評価を終了した。

講習会を横断歩道の正しい渡り方を標的行動にして、公園で、段ボールなどで作製した模擬交差点や自動車を使って、いくつかの状況で横断歩道を渡ってもらう事前テスト・事後テストを作成した。

考えてみよう！

横断歩道の正しい渡り方を教えるインストラクションの開発評価において、以下のそれぞれが適切かどうか判断し、その理由も考えて下さい。

(1) 事前テストをやっていたら、子どもが「横断歩道って何？」と質問した。「横断歩道っていうのはね….」と説明したが、分からないのはこの子くらいだろうと判断して修正しなかった。
(2) 事前テストをやっていたら、子どもが考え込んでしまって動かなくなったので、「これはこういう意味だよ。こうしてごらん。次はこれだよ」とすべて促した。
(3) 子どもに事後テストの筆記の部分をやらせながら、次の子どもへのインストラクションを準備した。回収したら空白のままになっている項目が多かった。

>>> **正解例は169ページに** >>>

インストラクションのデザイン

ステップ15 性能評価を行う

《性能評価》の目的は開発したインストラクションが教えるべきことを教えられるかどうかを実証することである。また、インストラクションの実施にかかるコストや学び手の感想など、経済的、社会的な妥当性についても検討する。

《開発評価》を十分に行って、事前・事後テストの比較やインタビューから、インストラクションの性能が目標に到達してから、確認のために一度だけ《性能評価》を行うこともあれば、《開発評価》は動作確認だけにしておき、《性能評価》による改善を何回か行って最終的に完成とするかはケースバイケースだ。

ここでは、《開発評価》は少数の学び手を対象とした予備的なテスト、《性能評価》はある程度完成したインストラクションを実際に実施して期待通りに教えられるかどうかを実証するテストと位置づける。

1．テストユーザーを選ぶ

テストユーザーはできるだけ学び手のプロフィールを満たす人から選ぶこと。

人数はインストラクションを実際に使う場合と同じ規模を対象にする。

> 例：小学生低学年の子どもに交通ルールを教える講習会を開発するために、地域の小学校に協力を要請する。まずは1クラスに1時間の授業を設定していただき、そのクラスの児童と担任に参加してもらう。

2．事前テストと事後テストを準備する。

事前テストと事後テストを実施可能な状態にしておく。

　例：事前・事後テストをクラスの人数分用意し、同時に実施できるように準備する。

3．テストと改善の繰り返し

事前テスト→インストラクション→事後テストの順で実施する。

事前テストと事後テストの結果を比較して、教えようとしたことが教えられたかどうか検討する。また、事後テストで間違いが多かったテスト項目については、その部分のインストラクションを再検討し、何が間違いを引き起こしているのか、どこを修正し、どんな教材を追加すれば正答が増えるのか検討して改善する。

実施にかかったコスト（教材費、教材作成にかかった費用、教え手の人件費、学び手の人件費など）を概算し、コストに見合った教育効果があったかどうかを検討する。

インストラクションの手続きなどについて学び手の感想や印象を、アンケートやインタビューなどによって調査し、これも改善に活かす。

　例：全員に事前テストをしてから、インストラクションを実施した。集団を対象にすることで、いくつか改善点が見つかったのでメモした（ひとりの子どもが歩道を横断する練習をしているときに他の子どもの待ち時間が長すぎるなど）。事後テストを行い、記入式のアンケートも行った。事前テストと事後テストの成績の比較から、すべての児童について、標的

行動が学習されたことが確認できた。アンケートによる評価からも、児童がインストラクションを楽しんでいたことが分かった。インストラクション実施時に気づいたいくつかの改善点について修正した。インストラクションの開発に要した費用を、教材費や開発経費などとしてまとめた。本来なら、従来の交通安全指導の方法と、今回新しく開発したインストラクションとの性能とコストの比較をするべきなのだが、従来の方法に関するデータが入手不可能なので、この時点で、性能評価を終了した。

《性能評価》が１回で終了しないこともある。その場合には、目標が達成されるまでテストと修正を繰り返す。

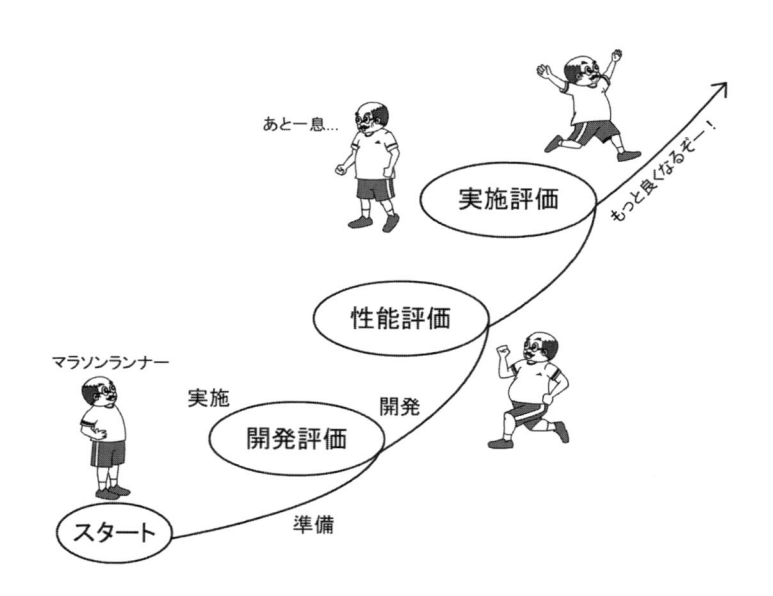

解　説

　しっかりした評価とそれを活かした修正・変更・追加・削除を繰り返すことで、**らせん状態**の改善サイクルが形成され、インストラクションの性能は確実に向上していく。

　最近、教育界でも「**スクラッチ・アンド・ビルド**」という言葉を使う人がいる。そもそも模型工作で満足な出来上がりが得られないときに、部品をすべて解体して最初からつくり直すことを意味していた用語だが、企業再生の文脈で使われるようになり、よくあることだが、数年遅れて教育界でも使う人があらわれた。

　授業でも、学校組織でも、新しいことを試行して、うまくいかなければ中断、破棄し、また新しいことを始める。古い慣習に執着しないという意味では評価できるが、これではらせん状の改善は望めない。**カオス（渾沌）状態**になってしまう。

　偏差値教育の弊害を指摘する声が大きくなると、詰め込みはやめて「考える力」や「創造性」を高める「ゆとり教育」に走る。逆に、基礎学力の低下が叫ばれると、読み書き算術の指導に力を入れる。日本の学校教育界は「この道はいつか来た道」とでも唄いたくなるような、両極端に走り続ける**振り子状態**で、やはり改善は見込めない。

　昨日よりも今日、去年よりも今年、今年よりも来年と、インストラクションの性能を確実に向上させるためには、らせん状の改善サイクルが欠かせないのだ。

インストラクションのデザイン

ステップ16 実地評価を行う

《性能評価》で効果が実証されたら、いよいよインストラクションを本格的に使い始める。ここまでの努力がようやく日の目をみることになる。

それでも《評価》は続く。《Kaizen》のサイクル（p.91）に終わりはないからだ。ただし、これまでのような詳細なデータを集める必要はない。学び手が学んでいることを確認し、何か改善点がないかどうかを探すことができればよい。もちろん、学び手が学んでいなかったり、改善点が見つかったときには、その都度、インストラクションを修正していく。これが《実地評価》である。

インストラクションを実施し、改善する。

例：予備テストに協力していただいた学校に性能評価の結果をお知らせしたら、ぜひ他のクラスでも実施して欲しいという要望があったので、対象となる学年の全クラスでインストラクションを実施した。簡便化した事後テストとアンケートだけを使い、標的行動の学習と、参加した児童の満足度だけを確認した。繰り返し実施するうちに、担任の教師への説明や解説を文章化しておくと便利であることが分かったので、マニュアルを作成した。

インストラクションを開発するための3段階の評価をもって後編は終了である。　ステップ1　から　ステップ16　までこの通りにインストラクションをデザインし、開発すれば、教えるべきことが確実に教えられるインストラクションができることだろう。

　読者の皆さんの多くは「ここまでしなくちゃいけないのか？」とか「こんなことする余裕はない」という感想を持つかもしれない。

　確かにインストラクションの開発には手間も時間もかかる。だから、実際にはすべては《損得勘定》になる。本当にインストラクションが必要かどうか、つまり、教えることに教える価値があるかどうかを判断しなくてはならない。

　冒頭で述べたように、すべてのステップをこの通りに実施しなくても、いくつかの考え方をあなたのインストラクションに適宜使ってみることでも、インストラクションの性能はずいぶん改善できるはずだ。まずはできるところから始めてみてはいかがだろう。

　本書で解説した考え方を活かして開発されたインストラクションも多数ある。中でも、読者の皆さんに最も身近な例は、現在のパソコンかもしれない。

　今ではマウスを使って操作するのが当たり前になってしまったが、アップルがマッキントシュというパソコンにこうしたシステムを使うまでは、すべての操作はキーボードから文字を入力することで行っていたのだ。そして、マウスを使って操作する方法（GUI: Graphic User Interface）は、何を隠そう、インストラクショナルデザインの考え方に従って、数多くのユーザーテストを経て開発されたものなのだ。

優れたインストラクションの開発にはそれだけのコストがかかる。だが、それに見合ったリターンがある限り、開発する価値はあるという例である。

■ おわりに

　本書では《教育》というコトバをできる限り避けてきた。《インストラクション》の概念が適用される範囲は、通常《教育》と呼ばれるものよりも広く、またそのアプローチも異なるため、《教育》のためのデザインや鉄則とうたえば、いらぬ誤解が生じると考えたからだ。

　もちろん《インストラクショナルデザイン》の考え方は《教育》全般に適用可能だし、もっと活用されるべきだと信じている。この本もそのために執筆した。特に、小・中学校、高校、大学で教鞭をとる教師が、インストラクショナルデザインの考え方を少しでも取り入れ、プロの教え手として活躍することで、日本の学校教育が少しでも改善されることが私の願いである。

　そのためには、通常の《教育》と《インストラクショナルデザイン》のどこに決定的な違いがあるのかを明らかにしておくことも大切かもしれない。そこで最後に、私が考える3つの違いについて解説し、《インストラクショナルデザイン》の考え方を取り入れることのメリットについて論じておきたい。

目標を明確にするかどうか

　《インストラクショナルデザイン》では、何をどこまでどのように教えるかについて、常に明確に、できるだけ具体的に定義する。これに対し通常の《教育》では、目標をできるだけ曖昧にする傾向がある。

　目標を曖昧にする理由は2つある。ひとつは、あまり具体的にすると、達成したかどうかがはっきり分かるようになり、達成しなかった

ときに面目が立たないという隠れた理由だ。もちろん、これは教え手が学びにコミットしてない証拠だが、実際には少数派だろう。

　もうひとつの理由は、目標を具体的にすると、目標にしたことの達成のみに集中して、それ以外の学びが阻害されると考えることだ。これはもっともらしい意見だし、完全には否定しきれない。目標をどんなに明確にしても、学び手はその目標以外の学習もするものだが、研究として行われたものは知らない。

　ただし、考えなくてはならないのは、目標を曖昧にすれば、それ以外の学びが促進されるのか？ ということである。このような主張を支持する研究も見あたらない。だから、少なくとも、これだけは責任を持って教えようとする内容については、目標を明確に、具体的に定義しておくべきである。

科学的な根拠やデータを重視するかどうか

　癌の治療に効果的な薬が見つかったとする。それでもすぐにその薬が病院で処方されるようになるわけではない。数多くの動物実験、臨床実験などの科学的な研究を経て、効果や安全性が確認されてから認可される。日本の厚生労働省による認可プロセスは欧米に比べて時間がかかりすぎるという批判もあるが、こうした科学的な裏付けのための検証がまったくされないようでは安心して治療を受けることはできないだろう。

　病院で処方される薬にどんな作用があるのかを知りたければ調べることができる。なぜその薬があなたに処方されたのか、調べていけば科学的な根拠が必ず見つかる。医者が長年の経験や勘のみで治療をす

ることは許されていないのだ。

　同じように、テレビや冷蔵庫の設計から、ジャンボジェットの製造に至るまで、私たちの日常生活の背景には、多くの科学と研究による裏付けがある。

　ところが**《教育》**における実践にはこうした裏付けがないか、あっても弱いことが多い。多くの場合、勘と経験のみに基づいて教材が作成され、授業が進められ、指導が行われている。勘と経験を否定するわけではない。プロの教え手には指導の現場での瞬間瞬間での対応が要求される。そのときに役立つのは理論ではなく、勘と経験である。
　ただし問題は、適切な勘を養う経験を積み重ねるための環境が、教育現場にあるかどうかである。

　日本のモノづくりの伝統には目をみはるものがある。機械には再現できない精度の仕事を職人の腕１本でたたき出す。勘と経験の世界だが、背景には徒弟制度による長年の、密度の濃い強化と弱化による練習がある。腕が鈍ってきたら、製品の質が低下して納品できなくなるというフィードバックもある。

　これに比べて、わが国の学校教育においては、ひとたび教師として採用されれば、学級帝国とも揶揄されるように、教師はほとんどフィードバックを受ける機会がなくなる。教えの質が低下しても、児童や生徒が「返品」されることもない。

　教育の現場は、そもそも、優れた勘を養うための経験を提供するような環境にはないのだ（もちろん、それでも素晴らしい教師はたくさん存在する。そのことは称賛に値するものの、現状を肯定する根拠にはなりえない）。

《インストラクショナルデザイン》の考え方を使えば、潜在的に弱点を持ったこのような現状を認識して、その上で、どうすれば優れた勘を養うための経験を提供できるかを設計できる。ひとつには、科学的な研究で実証された、効果のある教材や指導方法を使うこと、あるいは使えるように教師を育成すること。ひとつには、教師の仕事に建設的なフィードバックがたくさんもたらされるような仕組みを整えることである。

　このような仕組みは教育以外の専門職には実は当然のように取り入れられている。なぜ教育界だけがここまで遅れてしまったのだろうか？

データに基づいて改善するかどうか

　私は現在の日本の《教育》界の最も弱いところは、教え手の多くが《教条主義》に基づいて仕事をしていることだと思う。教条主義のもともとの定義は「状況や現実を無視して、ある特定の原理・原則に固執する応用のきかない考え方や態度。特にマルクス主義において、歴史的情勢を無視して、原則論を機械的に適用しようとする公式主義をいう。ドグマチズム」（大辞泉）とあり、政治的な意味合いが強い。ここでは政治的な意味ではなく、学び手の学習状況を無視して、これまで通りに教えたり、教科書や指導要領がそうなっているからという理由だけでその通りに教えたり、○○先生がこう言っていたからというだけで指導方法を変えたりすることを指す。《権威主義》とか《保守的》とくくってもいいのかもしれない。いずれにしても肝心要は「学び手の学習状況を無視して」というところである。

　教科書通りに教えたり、これまで通りに仕事をすることが重視され、評価されるなら、《改善》のサイクルは入り込む余地は少なくなる。

まさに聖域だ。

《インストラクショナルデザイン》の考え方は、科学的な根拠やデータを重視するが、盲目的に信じるというわけではない。科学的に効果があると実証された指導法でも、自分の学び手に試してみて学びが進まないようなら、どこかに改善の余地がある。学び手は常に正しいのだから。

私の場合、ここ数年、地域の学校や教師と連携して、事例研究を中心にした研修システムの開発に取り組んでいる。幸運なことに、一緒に仕事をしている先生方はとても熱心で、優秀で、柔軟な思考をする人ばかりである。それでも少し油断すると教条主義的な行動が表れることがある。「〜は〜しないとならない」とか「〜先生がこうおっしゃっていたので」などの発言がそのヒントになる。そんなとき、私は「子どもの学びはどうなっていますか？　データを確認しましょう。グラフを描いて、一緒に見てみましょう」と言うことにしている。

「私の言うことも信じないように。信じるべきはデータです」これがゼミでの私の口癖だ。

残念ながら、現在の日本の教員養成課程では、これら３つの考え方が重視されているとは言えない。しかし、私たちが地域の学校や教師との連携を通して発見しているのは、教師がこうした考え方を習得し、学校がその実践を支援すれば、学校は変わるということだ。

本書でご紹介した《インストラクショナルデザイン》の考え方が少しでも取り入れられ、学校が、教育が、改善されていくことを願ってやまない。

インストラクショナルデザイン

正解例

Instructional Design

■ 正解例

`p.5` 考えてみよう！ の使い方について

　演習問題では読者の皆さんからプロの教え手にとって重要な考え方を引き出そうとしている。新しい行動を学んでいただくには、行動を引き出して強化するのが一番なのだが、考える前に正解を見てしまっては、行動が引き出せない。頭で漠然と考えたままだと、自分の答えがはっきりしていないうちに正解を見てしまうかもしれない。そうなってしまったら、ページをしょっちゅうひっくり返さなくては読み進められない、単に面倒くさい本になってしまう。

　正解例を読む前に自分で答えを考えて、できれば書いてみることをお奨めしているのは、インストラクショナルデザインのこの基本的なルールを体験していただくためのお願いなのです。

`p.16` 「互いに協力してゲームを行い」の目標分析

《知識》「勝つためには同じチームの友達とどうやって助け合ったらいいと思う？」と聞いたら、チームプレイの方法についていくつか答えられること。たとえば「コートの中に残っている仲間に声援を送る」「狙われている仲間に声を出して教える」「誰を狙ったらいいか指示を出す」「コートの中と外でパスをしながらタイミングを待つ」など。
《技能》ボールを持っている相手の様子を見て、誰を狙っているか判断する。味方がボールをとったときに誰を狙うべきか判断できる。大きな声で仲間に指示が出せる。相手の頭上を山なりに越えるパスを投げられる。仲間の指示に従うなど。
《遂行》上記の作戦を実行できる。

p.40 プログラミング

　正解はC。ちなみに「ミリ秒」とは1/1000秒のことである。
　AはMode=0なのでイベントを発生させない。BはMode=1なので、1回だけ、1000分の500秒後（0.5秒後）に一度だけイベントを発生させる。

p.41 意味ある行動を引き出す質問

- 「分かりやすく教えるための3ステップをあげなさい」
  - ○：鉄則を使うことへの第一歩として、どんな鉄則があったか覚えることは重要だから。
- 「鉄則6は何でしたか？」
  - ✕：番号を覚えても鉄則を使うことには役立たないから。
- 「意味ある行動を引き出す質問と引き出さない質問の例をひとつずつ考えなさい」
  - ○：鉄則を応用する練習といえるから。
- 「〜くん。36ページの1段落目には何と書いてありますか？」
  - ✕：教科書のページ番号と段落数から該当箇所を見つけるという課題が標的行動でない限り、意味ある行動とは言えないから。
- （ある授業を録画したビデオを見せながら）「講師の今の発問は意味ある行動を引き出しているといえますか？」
  - ○：まさに鉄則を応用しないと答えられない問いだから。

p.52 他の人に迷惑をかけない

　場面を設定して、その場面で迷惑をかける行動とそうではない行動を組にして例示します。たとえば、以下のように。

　　授業で分からないことがあったら....
　　　・隣の友達に話しかける---✕

・手を上げて先生に質問する---○

　友達と他の教室へ移動するときに
　・廊下を横に並んで歩く---✕
　・他の人が通れるように横いっぱいにならないように歩く---○

　トイレで手を洗ったら
　・水を流しっぱなしにする---✕
　・水を止める---○

　ご自分の答えについて、場面が限定されて、その場面での望ましくない行動と望ましい行動（望ましくない行動の代わりに何をすべきなのか）が明示されていたかどうか確認して下さい。

p.62 野球教室を始める前に

　たとえば、以下の項目について参加希望の子どもにインタビューやアンケートをしてみてもいいでしょう。

・どんな子どもたちか？
　［年齢、学年、性別、運動や野球が得意／好きかどうか、道具は持っているか］
・何人くらいいるか？
　［どんな子どもが何人くらいずついそうか］
・どんなことを学びたがっているか？
　［遊びとして野球ができればいいのか／野球がうまくなりたいのか］
・どんな理由で学びたがっているか？
　［野球が好き／プロ野球選手に憧れて／友達が欲しくて／親に言われて］
・すでにどんなことを学習しているか？
・まだどんなことを学習していないか？

[野球のルール／投げる・捕る・打つなどの基本技術／走塁や守備などにおける連携プレー]

p.65 宿題をやってこない原因は？

　原因をいくつ書き出すことができましたか？　下の解答例と見比べて、ご自分の答えが個人攻撃の罠にはまったものでなかったどうか確認して下さい。

[個人攻撃の罠にはまった考え]
○やる気がないから　○能力がないから　○無責任だから　○忘れっぽいから　○だらしないから、などなど。

[解決策につながりそうな考え]
○宿題の説明を聞いていない　○メモをとっていない　○宿題が難しすぎる　○宿題が簡単すぎる　○宿題をやらないことで先生を困らせて注意をひこうとしている　○教科書やノートを家に持って帰っていない　○家庭に勉強をする環境が整っていない　○学校が終わると塾や習い事が忙しくて時間がとれない　○いじめで宿題を隠されてしまっている、などなど。

p.75 「学ぶ」と「楽しい」は別のこと

　私の場合はこうでした。

学べなかったけど楽しかった [テニスのレッスン]	学べて楽しかった [大学院での行動分析学の勉強]
学べず楽しくもなかった [某学会での某ワークショップ]	学べたけど楽しくなかった [大学受験の勉強。特に地理B]

p.83 「分かりましたか？」の代わりに

(1)「それじゃ、これから1ヶ月、毎日、下校前に先生のところにきて息をハーッてすること。タバコすったら、すぐに臭いで分かるぞ。いいか、約束だぞ」と言う。毎日、下校時に息をチェックして臭わなかったら誉める。その間、トイレや体育館の裏など、隠れてタバコが吸えそうなところはできるだけ頻繁に見回る。

(2)「それじゃ、自分が客の役をするから、一緒に何度か練習してみよう」と言って、ロールプレイの練習をする。要求した通りにできたら誉める。できていなければ、「そこはこんなふうに答えられるよ。やってみて」などと、見本をみせ、その通りにやらせ、できたら誉める。

p.97 ゴミの分別について

	推定できる原因	解決策の案
知　識	・分別の必要性を知らない。 ・分別のスケジュールを知らない。 ・分別の種類を知らない。	・埋立地の限界や再資源利用の必要性を分かりやすく説明したパンフレットの作成と配布など。 ・予定表。 ・何が何として分類されるのか、分かりやすく表示した資料など。
技　能	・ゴミを分別できない。	・分別の練習。
動機づけ	・めんどうくさくてしない。	・透明ゴミ袋や名前つきゴミ袋の強制。 ・違反ゴミを回収しない、指導員による監視など。

p.101　ペットボトルのお茶をコップに注ぐ課題分析

○ペットボトルを見る→○ペットボトルに利き手と反対の手を伸ばす→○ペットボトルをつかむ→○ペットボトルを引き寄せる→○利き手でキャップをつまむ→○キャップを回して開ける→○キャップをテーブルに置く→○利き手でペットボトルをつかむ→○ペットボトルをあげる→○利き手と反対の手でコップをつかむ→○コップを引き寄せる→○ペットボトルをコップの上に移動させる→○ペットボトルの口を下にして傾ける→○お茶が少しずつ出てくる角度で止める→○コップとペットボトルを交互に見る→○コップの八分目くらいまでお茶が入ったら、ペットボトルを垂直に戻す→○利き手と反対の手をコップから離す→○ペットボトルをテーブルの上に置く→○ペットボトルから手を離す→○利き手でキャップをつかむ→○利き手と反対の手でペットボトルをつかむ→○キャップをペットボトルの口まで移動する→○キャップを口にかぶせる→○キャップを指でつまむ→○キャップを回して閉める→○キャップから手を離す→○ペットボトルから手を離す。

これでお茶を飲む準備ができました。

p.109　抽象的な表現を具体的な行動に書き下す課題分析

①「自分なりの興味を持つ」とは？
・理科の授業で与えられた教材（教科書やビデオなど）について、「新しく分かって面白かったこと」「よく分からなかったけど、もっと知りたくなったこと」「先生に聞いてみたいこと」「本などで調べてみたくなったこと」などをそれぞれ書き出せる。
・「本などで調べてみたくなったこと」を図書室にいったり、ネットで検索して調べてみる。
・授業中に手を上げて質問する。
・授業の後、友達同士で話し合う。

②「相手の気持ちを理解する」とは？
・国語の授業で物語や小説などを読み、主人公の気持ちを想像して書く。
・道徳の授業で、設定された場面で（例：運動会の準備をしているときに、仲間はずれにされたN君）、主人公の気持ちを想像して書く。
・日常場面で、望ましくない行動（言葉によるいじめなど）の現場をとらえたときに、「そんなこと言われたらどんな気持ちがする？」と問われ、答える。
・自分がされて嫌なことを相手にしているということを、それをしているときに分かる。
・自分がされて嫌なことを相手にしているということを、それをしているときに分かって、やめられる。
・自分がされて嫌なことを相手にしてしまったということを、やってしまった後に分かって、謝ることができる。

③「会議で自分の意見を言う」とは？
・会社の会議で、他の人の提案に対し、賛成するところとその理由、反対するところとその理由、そして代案を発言する。
・他の人の意見を聞いて、分からないことについて質問する。
・自分の意見がないときには、考えつかないということを申告するか、時間やもっと情報があれば考えられることを知らせる。
・他の人から質問があったとき、はぐらかせずに答えることができる。
・他の人から質問があったとき、質問の意味が分からないときには、そう言える。

p.116 事後テストの間違いさがし

　正解は「繰り上がりのある問題が含まれていないから」である。事後テストの項目は標的行動として決めたすべての条件を満たしたものでなければならない。

p.120 上位行動から下位行動を書き出す

下の各下位行動を上位行動として、さらに下位行動を書き出すこともできる（例：「針が差している数字が読める」＞「数字が読める」）。

① 時計（アナログ）を見て時刻を言う。
・時計が見られる：「時計を見て」と言われたら時計を見れる（「時計」がどれか分かる）。
・針が差している数字が読める（　＞　数字（1～12）が読める）
・数字を数えられる（「1,2,3,....,60」）
・数字を5とびで数えられる（「5,10,15,20,....,60」）
・時針と分針が見分けられる：「時針はどっち？」と聞かれたら時針が指させる。
・時間と分の関係が分かる：「1時間は何分？」
　など。

② 自由形（クロール）で泳ぐ。
・プールに入る。
・水の中で全身の力を抜いて浮く（　＞　両手で膝を抱えて浮く、うつ伏せで浮く、仰向けで浮く、など）。
・バタ足をする。
・手で前方をかく。
・顔を側方に出した瞬間に息を吸う。
　など。

p.125 足し算のテスト問題を考える

・先習行動のテスト項目は ステップ8 を参照して下さい。
・標的行動に関しては、事前テストと事後テストとでまったく同じ問題を使います。

- インストラクションで使う問題（練習）と使わない問題（応用）に分けておくと、インストラクションが単純に暗記を促したのか、それともより広範囲な学習を促すことができたのか評価できます。
- 応用問題はインストラクションで使わないので、その空欄には何も入りません（斜線）。

問題の種類	事前テスト	インストラクション（練習）	事後テスト
先習行動	・数字や数式の読み書き ・数字と数を一致させられるかどうか	/	/
標的行動（練習）	3+4= 2+2= 2+6= 7+1=	3+4= 2+2= 2+6= 7+1= など	3+4= 2+2= 2+6= 7+1=
標的行動（応用）	2+1= 3+3= 4+2= 5+2=	/	2+1= 3+3= 4+2= 5+2=

p.129　教える内容を分析する　RULEG Part1

	豆腐	ケーキ	牛肉	キャベツ
①草木の実で	×	×	×	×
②水分を多く含んでいて	○	×	×	×
③糖分を多く含んでいて	×	○	×	×
④食べられること	○	○	○	○

p.134　教える内容を分析する　RULEG Part2

(1) 最小差異例の数は異なる必須属性の数×変動属性の数になる。三角形と四角形の場合、異なる必須属性はひとつ、本文で使った変動属性の総数は4つなので、最小差異例の数は次の2つを加えた4つになる。

△ □　　　▲ ■

(2) 三角形は黒い図形、四角形は白い図形と誤学習してしまう危険があります。

p.145　開発評価の間違い探し

(1) 不適切です。 鉄則12 **学び手は常に正しい** を忘れずに、テストユーザーが分からないこと、できないことには、ほとんどすべて対処しましょう。この場合、「横断歩道が何か分かる」も標的行動として、事前・事後テスト、インストラクションに含めてしまうのも一手です。ただし、学び手のプロフィールに照らしてみて、このテストユーザーがその条件を満たしていなかった場合には、再考の余地もあります（たとえば、小学生向けの教材なのにたまたま就学

前の児童がユーザーテストに参加してしまったなど）。

(2) 不適切です。すべて促してしまうと、何が分かって何が分からないかが分からなくなってしまいます。ひとつずつ「これは分かる？　これはこういうことだよ。これは分かる？」と聞いていきましょう。開発評価でのユーザーテストをできるだけ1対1でするのは、このように詳細な情報を入手してきめ細かな改善をするためなのです。

(3) 不適切です。空白のままの解答用紙からは、どうして空白なのかが分からないからです。筆記テストの場合も同席して、空白ならそれがなぜなのか、どうすれば解答が引き出せるのか（間違った解答だとしても）を調べましょう。

■ あとがき

　『学習の科学』が注目を集めている。人はどう学ぶのか？　という大きなテーマに、脳科学、心理学、生物学、認知科学など、学際的なチームが組まれ、世界中で研究が進められている。

　人はどう学ぶのか？　は、私の専門である行動分析学のメインテーマでもある。行動分析学はすでに半世紀以上にわたって、あまたの科学的な研究を重ね、学習にまつわる主要な原理原則を見いだしてきた。さらに、そうした原理原則を、社会で重要とされる問題解決に役立てるための応用的な研究も数多く行われ、教育、医療、福祉、企業、スポーツなど、さまざまな領域で成果をあげてきた。

　本書でご紹介したインストラクショナルデザインの考え方も、その起源は50年近く前に遡る。行動分析学の創始者である、B. F. スキナーの The Technology of Teaching (1968) には、一般的な教育心理学の教科書でも取り上げられることが多い「スモールステップ」や「即時強化」などの鉄則が解説されている。

　人はどう学ぶのか？　という問いに答える原理原則が見つかれば、それが、どうすれば教えられるのか？　という教育的ニーズに応用されるのは、ごく自然な流れだろう。

　行動分析学は、近年、日本でも、自閉症児の療育や支援、特別支援教育における有効な方法論として注目をあびている。しかし、行動分析学はそれだけではない。もっと一般的に《**教育**》全般の改善に貢献できる学問なのだ。わが国ではほとんど紹介されたことがない、インストラクショナルデザインについて本を書こうと思ったのは、そのせいである。

本書で力点をおいた RULEG を考案した S. M. マークル博士が、実はスキナーのお弟子さんであったことはあまり知られていないが、大学院の教科書としては定番のようになっている Designs for Instructional Designers (1990) を執筆した動機はもっと知られていないだろう。スキナーには言語行動に関する著書（Verbal Behavior, 1957）があるのだが、この本が教育に関する示唆に満ちていて、インストラクショナルデザインにとても役立つのに、そのままでは難解すぎて、読んで理解して活用できる教師はいないだろうと判断したからだそうだ。誠に正しい判断だったと思う。

　本書も行動分析学の知識がなくても理解できるように執筆した。もっと勉強したいという方は私のホームページに日本語で読める行動分析学の図書一覧があるので参考にしていただきたい。

　本書を出版するにあたって私には大きな懸念があった。インストラクショナルデザインの考え方にのっとれば、教科書を出すなら、その前に開発評価と性能評価を実施すべきである。実際、これまでの著書は、授業で使いながら改善を繰り返してから出版してきた。今回は本書の半分くらいを1学期試用しただけでの出版である。出版を延期すべきではないだろうか？　という気持ちが常に頭から離れなかった。

　しかしながら米田忠史氏に「学校教育が大きく見直されている時期であり、インストラクショナルデザインというコトバもちらほら見られるようになってきているので、本を出すタイミングとしては今を逃すべきではない」と説得された。執筆を先延ばししていた自分をうまくマネジメントして下さった米田氏に感謝したい。

　私のホームページには著書に関する質問や意見に答えるための掲示板を設置している。本書で分かりにくかったところは掲示板でアフターケアをさせていただくので遠慮なくご利用いただきたい。

索引

(C)
CAI ― 138
(い)
意味ある行動 ― 40
インストラクション ― 7
(か)
下位行動 ― 119
改善 ― 91
概念 ― 127
開発評価 ― 141
課題分析 ― 98
考える力 ― 46
(き)
技能 ― 14
教育理念 ― 106
強化 ― 42
興味・関心 ― 76
(こ)
合意のための議論 ― 108
行動分析学 ― 70
個人攻撃の罠 ― 9,64
個人差 ― 78
コミット ― 20
コミュニケーションカード ― 61
(さ)
最小差異例 ― 132
再利用 ― 121

(し)
シェイピング ― 70
事後テスト ― 122
事前テスト ― 122
実地評価 ― 141,150
弱化 ― 43
上位行動 ― 119
職務分析 ― 14,102
(す)
遂行 ― 14
スキナー ― 138
スペック ― 56
スモールステップ ― 43
(せ)
成功の基準 ― 26
性能評価 ― 141,146
先習行動 ― 123
(そ)
損得勘定 ― 151
(ち)
知識 ― 14
(て)
ティーチングマシン ― 138
定義 ― 127
デザイン ― 7
テストユーザー ― 142

（と）
動機づけ — 15
（に）
忍耐力 — 48
（は）
パッケージ — 96
パフォーマンスマネジメント
 — 95
（ひ）
必須属性 — 128
評価 — 96,140
標的行動 — 13
（へ）
変動属性 — 128

（ま）
学び手のプロフィール — 110
学ぶ喜び — 48
（も）
目標分析 — 14
（ゆ）
ユーザーテスト — 142
（る）
ルーレグ — 52,126
（れ）
例 — 127
例外 — 127

〈著者略歴〉

島　宗　理
しま　むね　さとる

1989 年慶応義塾大学社会学研究科終了．1992 年 Western Michigan University 心理学部博士課程修了．Ph.D.取得．1995 年鳴門教育大学人間形成基礎講座助手．1997 年鳴門教育大学学校教育研究センター教育工学分野．2000 年鳴門教育大学学校教育実践センター教育メディア開発分野　助教授．2006 年法政大学文学部心理学科　教授．Ph.D.（心理学）．

Work It Out! 行動分析学で問題解決　http://abanet.ddo.jp/simamune/

インストラクショナルデザイン
―教師のためのルールブック―

2004 年 11 月 10 日　　初　版
2020 年　9 月　5 日　　第 8 刷

著　者　　　　　島　宗　理
発行者　　　　　米　田　忠　史
発行所　　　　　米　田　出　版
　　　　　　〒272-0103　千葉県市川市本行徳 31-5
　　　　　　電話　047-356-8594
発売所　　　　　産業図書株式会社
　　　　　　〒102-0072　東京都千代田区飯田橋 2-11-3
　　　　　　電話　03-3261-7821

© Satoru Shimamune 2004　　　　　　　　　　中央印刷

JCOPY ＜出版者著作権管理機構　委託出版物＞
本書の無断複製は著作権法上での例外を除き禁じられています．複写される場合は，そのつど事前に，出版者著作権管理機構（電話 03-5244-5088，FAX 03-5244-5089、e-mail : info@jcopy.or.jp）の許諾を得てください．

ISBN978-4-946553-19-6 C3011